Georg Innerhofer

Sirup und Nektar

Georg Innerhofer

Sirup und Nektar

aus Früchten, Kräutern, Blüten

Leopold Stocker Verlag
Graz – Stuttgart

Umschlaggestaltung:
DSR Werbeagentur Rypka GmbH, 8143 Dobl/Graz

Bildnachweis:
Titelbild: Bilderwerk (Wien),
Ing. Ulrich Zeni (1);
alle anderen Bilder wurden freundlicherweise vom Autor zur Verfügung gestellt.

Bibliografische Information Der Deutschen Bibliothek
Die Deutsche Bibliothek verzeichnet diese Publikation in der Deutschen Nationalbibliografie; detaillierte bibliografische Daten sind im Internet unter http://dnb.ddb.de abrufbar.

Hinweis: Dieses Buch wurde auf chlorfrei gebleichtem Papier gedruckt. Die zum Schutz vor Verschmutzung verwendete Einschweißfolie ist aus Polyethylen chlor- und schwefelfrei hergestellt. Diese umweltfreundliche Folie verhält sich grundwasserneutral, ist voll recyclingfähig und verbrennt in Müllverbrennungsanlagen völlig ungiftig.

Auf Wunsch senden wir Ihnen gerne kostenlos unser Verlagsverzeichnis zu:
Leopold Stocker Verlag GmbH
Hofgasse 5 / Postfach 438
A-8011 Graz
Tel.: +43 (0)316/82 16 36
Fax: +43 (0)316/83 56 12
E-Mail: stocker-verlag@stocker-verlag.com
www.stocker-verlag.com

ISBN 978-3-7020-1232-8

Layout und Repro: DSR Werbeagentur Rypka GmbH, 8143 Dobl/Graz
Druck: Druckerei Theiss GmbH, A-9431 St. Stefan

Inhalt

Vorwort

Sirup und Nektar – beides sind geschmacksintensive Getränke, die man selbst ohne großen Aufwand herstellen kann. Unsere unmittelbare Umgebung beherbergt viele Pflanzen, Früchte, Blüten oder Blätter mit intensiven Geruchs- und Geschmacksstoffen. Unsere Obst- und Kräutergärten liefern somit hervorragende Grundstoffe für die Bereitung von schmackhaften Getränken. Es liegt an uns, diese Ressourcen zu nutzen und hochwertige Produkte daraus herzustellen.

Fast jeder von uns kennt Holunderblütensirup oder Marillen-/Aprikosennektar. Viele haben schon einmal Himbeersirup und Pfirsichnektar gekostet. Aber wer kennt schon Birnennektar, Indianernessel- oder gar Zitronenverbenensirup?

In diesem Buch habe ich versucht, die Herstellung dieser Getränke sowohl für den Single-Haushalt wie auch für Produzenten größerer Mengen möglichst praxisnah zu beschreiben, die Hintergründe mancher Verfahrensschritte zu erklären und Ursachen für Veränderungen zu erläutern. Die angeführten Rezepte sollen die Basis für Ihren zukünftig selbst erzeugten Sirup und Nektar darstellen. Erfahrene Safthersteller halten sich grob an Grundrezepte und wandeln diese später nach eigenem Geschmack ab.

Wer Sirup und Nektar vermarktet, soll auch die rechtlichen Grundlagen für diese Produkte finden können. Sie stellen wahrscheinlich den „trockenen" Teil in dem sonst eher „saftigen" Buch dar.

Die angeführten Rezepte beinhalten schon oft erprobte Klassiker und einige noch wenig bekannte Rezepturen. Die Bandbreite an Möglichkeiten ist riesengroß. In diesen Produkten kann man die geschmackliche Vielfalt der Natur aufbewahren und konservieren.

Selbst hergestellter Sirup oder Nektar eignet sich hervorragend als Basis für Getränke oder Cocktails, für die Zubereitung und geschmackliche Abrundung von Desserts und natürlich für vieles andere mehr.

Dieses Buch soll eine Einstiegshilfe für zukünftige und ein Nachschlagewerk bzw. ein Ratgeber für erfahrene „Saftler" sein. Beim Durchlesen, Ausprobieren der Rezepte und vor allem beim Verkosten beziehungsweise Trinken der selbst hergestellten Produkte wünsche ich Ihnen viel Freude, Spaß und Genuss.

Georg Innerhofer

Einleitung

Nektar

Sirup

„Trinken ist in" –
ein Satz, der nicht falsch verstanden werden sollte

Damit unser Organismus so richtig gut funktionieren kann, benötigt er ausreichend Flüssigkeit. Die Tagesempfehlungen variieren zwischen 1,5 l und 2,5 l oder manchmal sogar noch mehr. Reines Wasser ist für viele dann doch etwas zu neutral, sie wünschen sich etwas Feines, Fruchtiges, fernab von künstlichen Aroma- und Farbstoffen. Neben den Erwachsenen erfreuen sich besonders Kinder an farbkräftigen und aromatischen Getränken.

Selbst gemachte Getränke sollten sein: leicht herzustellen, lange haltbar, farbenfroh, aromatisch und praktisch verpackt. Selbst gemachter Nektar und selbst gemachter Sirup erfüllen genau das und eignen sich auch hervorragend als Mitbringsel.

Ausreichende Flüssigkeitsaufnahme ist für unseren Organismus wichtig

Nektar
Fruchtnektar wird meistens aus Früchten hergestellt, die uns als Saft nicht so recht schmecken würden. Sie enthalten von Natur aus viel Säure oder sind schwer zu entsaften, so dass sie erst durch den Zusatz von Wasser und Zucker genießbar gemacht werden können.

Fruchtnektar besteht aus:
- Fruchtanteilen (Fruchtsaft, Fruchtmark, konzentriertem Fruchtsaft, konzentriertem Fruchtmark oder Mischungen dieser Erzeugnisse)
- Wasser zum Verdünnen
- maximal 20 % Zucker (z. B. in Form von Rüben-, Trauben-, Fruchtzucker, Glucosesirup oder Honig)

Ein Saft aus Birnen wäre uns wahrscheinlich zu süß, der aus Schwarzen Ribiseln/Johannisbeeren wohl zu sauer oder gar zu intensiv. Deshalb verarbeitet man diese zu „Nektar" weiter. Der Zuckergehalt im Nektar und die persönlichen Vorlieben entscheiden über das Verdünnungsverhältnis vor dem Trinken.

Sirup

Sirup besteht aus:
- Fruchtsaft oder Blüten- bzw. Kräuterauszug
- Zucker

Sirup lässt sich aus vielen Blüten und Kräutern bzw. aus allen Obstarten gewinnen, die man entsaften kann. In den letzten Jahren hat der Sirupmarkt wieder stark an Bedeutung gewonnen. Wir Konsumenten bemerken wieder verstärkt, wie unglaublich praktisch es ist, etwas Sirup in Sekundenschnelle in ein schmackhaftes Getränk zu verwandeln. Wir haben mittlerweile festgestellt, welche Bandbreite an Aromen sich aus Früchten oder Kräutern bzw. Blüten entfalten kann. Wer mit offenen Augen seine Umgebung betrachtet, wird merken, wie leicht es ist, die benötigten Ausgangsstoffe im Garten oder in der näheren Umgebung zu finden.

Säfte zum Verdünnen sind momentan wieder „in"

Säfte zum Verdünnen galten auf Grund des hohen Zuckergehaltes viele Jahre als verpönt. Sie finden daher in vielen Rezeptsammlungen und Kochbüchern kaum Erwähnung, obwohl sie in sehr vielen Küchen und Vorratskästen mittlerweile wieder ihren fixen Platz gefunden haben. Nektar wird häufig vor dem Genuss mit stillem oder mit kohlensäurehaltigem Wasser verdünnt, bei Sirup geschieht das auf jeden Fall. Lediglich zum Süßen oder als Hausmittel wird Sirup pur verwendet.

> Nur wenn Zucker und Säure im fertigen Getränk – egal ob verdünnt oder nicht – in einem ausgewogenen Verhältnis zueinander stehen, empfinden wir es als harmonisch.

Für unseren Gaumen sind Säfte dann harmonisch, wenn Zucker und Säuregehalt in einem bestimmten Verhältnis zueinander stehen. Deshalb wirkt ein Getränk mit wenig Zucker und wenig Säure genauso harmonisch wie eines mit hohem Zucker- und Säuregehalt.

Himbeeren beispielsweise geben, wie auch Marillen/Aprikosen, ihre Säuren erst beim Erhitzen frei. Ungezuckertes Himbeer- oder Marillen-/Aprikosenmark erscheint uns daher sehr sauer. Erst der Zusatz von Zucker harmonisiert den Geschmack. Umgekehrt verleiht erst ein Schuss Säure dem Birnennektar die richtige Frische.

Getränkearten

Die meisten hier angeführten Produktbezeichnungen finden Sie auch in den Regalen unserer Geschäfte. Um den Überblick zu behalten bzw. um Verwechslungen oder falsche Vorstellungen zu vermeiden, sind im Folgenden die gängigsten Getränke näher beschrieben.

Fruchtsaft

Fruchtsaft – das am wenigsten veränderte Produkt in dieser Gruppe – besteht zu 100 % aus „flüssigem Obst". Ihm wird nichts hinzugefügt, weder Wasser noch Zucker, auch keine Farb- oder Konservierungsstoffe. Lediglich ein Mangel an natürlicher Säure darf mit etwas Zitronensäure ausgeglichen werden, muss aber am Etikett in der Zutatenliste vermerkt werden.

Fruchtsaft enthält keine Zusatzstoffe

Fruchtnektar

Manche Früchte würden uns als 100-prozentiger Fruchtsaft nicht schmecken, da sie von Natur aus sehr viel Fruchtsäure oder schwer entsaftbares Fruchtfleisch enthalten. Sie werden erst durch das Mischen mit Wasser und Zucker genussfähig. Das gilt z. B. für Schwarze Ribiseln/Johannisbeeren, Weichseln/Sauerkirschen, Marillen/Aprikosen und Pfirsiche. Die derart gewonnenen Getränke tragen die Bezeichnung „Fruchtnektar". Nektar kann blankfiltriert oder fruchtfleischhaltig sein.

Nektar kann, muss aber nicht fruchtfleischhaltig sein

Sirup

Fruchtsirup
Fruchtsirup ist ein durch Zuckerzusatz haltbar gemachter Fruchtsaft. Er
enthält mindestens 10 % Fruchtsaft, was für die meisten Produzenten
nicht so wichtig ist, weil der Anteil im selbst hergestellten Sirup normalerweise deutlich darüber liegt. Geregelt ist auch der Trockensubstanzgehalt (Gesamtzuckergehalt): Er liegt in Österreich zwischen 55 % und 68 %.

Der Mindestgehalt an
Zucker wird normalerweise
leicht erreicht

Kräutersirup
Kräutersirup wird aus Kräuter- bzw. Blütenextrakten, Wasser und Zucker
hergestellt. Er enthält mindestens 45 % Trockensubstanz.
    Diese Werte haben für den Verkauf Gültigkeit, für den Eigenbedarf
müssen sie nicht ganz so streng eingehalten werden.

Fruchtsaftgetränk

Bei Fruchtsaftgetränken liefern die Früchte meist nur ihren Namen und
nur wenig vom Geschmack. Der Mindestfruchtgehalt liegt, abhängig von
der Fruchtart, zwischen 6 % und 30 %. Daneben können sie Wasser,
Fruchtaromen, Zucker, Kohlensäure und eventuell Genusssäuren enthalten. Sie zählen neben den kohlensäurehaltigen Limonaden und Brausen
zu den Erfrischungsgetränken.

Getränke aus dem Dampfentsafter

Viele der traditionell hergestellten „Säfte" aus dem Dampfentsafter entsprechen wohl eher einem „Nektar" als einem „Fruchtsaft". Sie haben
über den Dampf etwas Wasser aufgenommen und wurden anschließend
etwa mit 300 g Zucker je Liter gesüßt – eigentlich zu wenig für „Sirup".
Das ist auch der Grund dafür, dass die schwach gesüßten „Dampfent-
saftersäfte" in der Flasche nie geliert haben.
Für derartig hergestellte Getränke gibt es in den heutigen Verordnungen
noch keine Definition, sie dürfen allerdings weder als Saft noch als Nektar
oder Sirup vermarktet werden. Für den Eigenbedarf sind sie natürlich
nach wie vor bestens geeignet.

Säfte aus dem Dampfent-
safter eignen sich zum
Abdecken des Eigenbedarfs
sehr gut

Gesamtzuckergehalt und Trockensubstanzgehalt

Die Begriffe sind einander von der Bedeutung her sehr ähnlich, geringe Unterschiede bestehen aber:

Gesamtzucker
In unseren Früchten finden wir mit Rüben-, Trauben und Fruchtzucker vorwiegend drei verschiedene Zuckerarten. Im Zuge der Herstellung von Nektar und Sirup wird weiterer Zucker zugesetzt.

Unter Gesamtzucker versteht man die Summe aller Zucker, die in einem Produkt enthalten sind, unabhängig davon, ob sie natürlich enthalten sind oder zugesetzt werden.

Trockensubstanz
Als Trockensubstanz bezeichnet man alle Inhaltsstoffe, die nach Abdampfen des Wassers noch vorhanden sind. Das sind Gesamtzucker und andere Stoffe. So hat eine Frucht mit 10 % Feststoff- und 90 % Wassergehalt einen Trockensubstanzgehalt von 10 %. Je höher der Gehalt an Trockensubstanz eines Nahrungsmittels ist, desto besser ist es gegen Verderb durch Hefen oder Schimmelpilze geschützt.

Um Sirup auch sicher haltbar zu machen, sind Mindestwerte an Trockensubstanz festgelegt, da alle Formen von Mikroorganismen Wasser für ihre Vermehrung benötigen.

Gesamtzuckergehalt und Trockensubstanzgehalt sind meistens das Gleiche

Den mit Abstand größten Anteil der Trockensubstanz macht Zucker aus, der Rest setzt sich aus Säuren, Mineralstoffen und einigen anderen Substanzen zusammen. „Gesamtzuckergehalt" wird daher häufig mit „Trockensubstanzgehalt" gleichgesetzt.

Gesundheitlicher Wert

Stellt man für den Eigenbedarf oder für die Vermarktung Säfte, Nektare oder Sirupe her, so setzt man möglichst wenig Zusatzstoffe zu. Vom Bauern oder selbst hergestellte Säfte werden normalerweise weder gefärbt noch aromatisiert oder mit Vitaminen oder Ähnlichem versetzt. Ihr gesundheitlicher Wert basiert ausschließlich auf den Stoffen, die in den Früchten enthalten sind, und wird nur durch den verwendeten Zucker gemindert.

Viele der verarbeiteten Früchte gelten durch ihren Gehalt an Vitamin C als „gesund". Am meisten von diesem Vitamin ist im Sanddorn enthalten, auch Hagebutten und Ribiseln/Johannisbeeren enthalten viel davon.

Allerdings verringern sich diese Gehalte im Nektar durch Wasser- und Zuckerzusatz, im Sirup erst durch den Zuckerzusatz und dann durch die Verdünnung. So ist in einem Liter Ribisel-/Johannisbeernektar gerade noch einmal ¼ l reiner Saft mit seinen Inhaltsstoffen enthalten, was teilweise noch durch die Heißfüllung vermindert wird.

Beim Sirup ist es ähnlich, aus einem Liter Ribisel-/Johannisbeersaft werden etwa 2 l Sirup, der dann mindestens 10 l trinkfertigen „Saft" ergibt. Also ein Fruchtanteil von etwa 10 %.

Nicht nur Vitamine machen Fruchtsaft gesund

Sekundäre Pflanzenstoffe

Relativ neu ist, dass man neben den Vitaminen einer anderen Stoffgruppe auch große Beachtung schenkt, nämlich den Inhaltsstoffen, die früher als „Gerbstoffe" bezeichnet wurden. Ihr Vorkommen empfand man eher als störend, da sie mitunter auch bitter schmecken können. Vor

allem in unseren rot gefärbten Beeren (Himbeeren, Ribiseln/Johannis-
beeren, Heidelbeeren oder Brombeeren) kommen diese Stoffe in größeren Mengen, großteils als Farbstoffe vor.

Obstart	Vitamin C/100 g Frischfrucht
Apfel	20 mg
Erdbeere, Kiwi, Zitrone, Orange	60 mg
Schwarze Ribisel/Johannisbeere	250 mg
Hagebutte	1.000 mg
Sanddorn	700 mg
Mandarinen, Orangen	40 mg
Rote Ribisel/Johannisbeere	40 mg
Marillen/Aprikosen, Mirabellen, Pflaumen	10 mg
Heidelbeeren	30 mg

In Heidelbeeren sind besonders viele anti-oxidativ wirkende Stoffe enthalten

Jeder hat heute eine gewisse Vorstellung von der Bedeutung von Vitaminen oder Mineralstoffen für die Gesundheit. Erst seit wenigen Jahren ist bekannt, dass
Pflanzen noch eine Vielzahl weiterer Stoffe enthalten,
die neben der Pflanze selbst auch für den Menschen
von Bedeutung sind. Wissenschaftler haben diese
Stoffe **sekundäre Pflanzenstoffe** genannt.

Hinter diesem Sammelbegriff verbirgt sich eine bunt
gemischte Großfamilie von Substanzen. Diese Stoffe
haben viele unterschiedliche Funktionen in den Pflanzen: zum Beispiel als Abwehrstoffe gegen Schädlinge, als Regulatoren
für das Wachstum oder als Farbstoffe. Es gibt schätzungsweise 30.000
verschiedene dieser Stoffe in der Natur, 5.000 bis 10.000 davon in unserer Nahrung.

Wirkung

Zahlreiche Untersuchungen haben gezeigt, dass sekundäre Pflanzenstoffe
auch für die Gesundheit des Menschen äußerst wichtig sind. In Beeren do-
minieren vor allem die Flavonoide, die sich durch eine besonders hohe an-
tioxidative Wirkung auszeichnen und damit in geringem Umfang vor Ar-
teriosklerose, Herzinfarkt oder Schlaganfall schützen können. Denn bevor
es zu Herzinfarkt und Co. kommt, findet meist eine schleichende Verkalkung im Organismus statt. Die Vitamine C, E und Beta-Carotin sowie bestimmte sekundäre Pflanzenstoffe unterbrechen bzw. verlangsamen die

Verkalkung, indem sie die „freien Radikale" im Blut entschärfen. Sie werden daher auch „Radikalfänger" oder „Antioxidantien" genannt.

Weitere positive Eigenschaften der sekundären Pflanzenwirkstoffe auf unseren Organismus sind, dass sie das Risiko einer Krebserkrankung vermindern und die Zellalterung verlangsamen können. Außerdem wirken sie günstig auf das Immunsystem und den Blutzucker- und Blutfettspiegel.

Alle diese Stoffe kommen in Kombination mit hunderten, wenn nicht mit tausenden anderen Substanzen in Früchten vor, was auch gleichzeitig diese Wirkung möglich macht. Ergänzungs- oder Ersatzprodukte werden häufig angeboten, sind aber nicht immer ganz so „wirksam", und vor allem schmecken sie nicht so gut wie unsere Beeren.

Die bekömmlichen Substanzen in den Beeren wirken mit Sicherheit

> Am förderlichsten für unsere Gesundheit sind die Früchte immer noch, wenn sie frisch verzehrt werden.

... werden unterteilt in	... sind enthalten in
Carotinoide	grüngelben Obst- und Gemüsesorten
Saponine	Hülsenfrüchten, Kräutern
Glucosinolate	Kohl und Wurzelgemüse
Polyphenole	Gemüse, Obst, grünem Tee, roten Trauben
Terpene	Zitrusfrüchten, Kräutern, Gewürzen
Sulfide	Lauch, Knoblauch, Zwiebeln
Protease-Inhibitoren	Hülsenfrüchten, Getreide
Phytosterine	Pflanzensamen und -ölen
Phytoöstrogene	Hülsenfrüchten, Getreide

... wirken	... und
antikanzerogen	senken das Krebsrisiko
antioxidativ	fangen freie Radikale
antimikrobiell	schützen vor Infektionen mit Pilzen, Bakterien, Viren
antithrombotisch	schützen vor Gefäßverstopfung
immunstimulierend	steigern die Abwehrkräfte
entzündungshemmend	
regulierend auf den Blutdruck	
senkend auf den Cholesterinspiegel	
regulierend auf den Blutzuckerspiegel	

Leider werden beim Nektar die wertbestimmenden Bestandteile durch den Wasserzusatz verdünnt, noch stärker geschieht das beim Sirup. Doch auch verdünnt sind die selbst hergestellten Nektare und Sirupe noch immer gesünder als ihre gefärbten, aromatisierten und nahezu „fruchtlosen" Konkurrenten aus dem Kaufhausregal.

Bio-Sirup und Bio-Nektar

Bio-Austria-Logo: Eines der Label für Bioprodukte in Österreich

Es erscheint doch fast komisch, dass man ein stark gezuckertes Getränk wie Sirup auch als Bioprodukt herstellen kann. Aber entscheidend ist nicht der ernährungsphysiologische Wert des Getränks, sondern allein die verwendeten Zutaten. Für ein Bioprodukt, welches für die Vermarktung bestimmt ist, müssen alle landwirtschaftlichen Zutaten aus biologischer Landwirtschaft stammen, das heißt von bio-zertifizierten Betrieben. Selbst in der freien Natur gesammelte, essbare Wildfrüchte oder Kräuter dürfen nur dann als „Bio" bezeichnet und als Zutat für ein Bioprodukt verwendet werden, wenn die Sammelgebiete in die Biokontrolle einbezogen und als „bio" anerkannt wurden.

Also kann beispielsweise auch aus der Blüte von einem noch nie gedüngten oder gespritzten Holunderbusch ohne Kontrolle kein Bio-Sirup hergestellt werden, sofern er für den Verkauf vorgesehen ist. Ebenso ist im eigenen Garten geerntetes Obst und Gemüse nur „biologisch" im Sinne der Verordnung und somit für die Herstellung von Bioprodukten, die für den Verkauf vorgesehen sind, zu verwenden, wenn der Garten als Biofläche von der Bio-Kontrollstelle kontrolliert und anerkannt wurde.

Der Begriff „Bio" ist durch die EU-Verordnung 2092/91 gesetzlich geschützt. Diese Verordnung regelt die Richtlinien des Bio-Landbaus. Sie wurde 1992 in Kraft gesetzt und wird seither ständig überarbeitet und ergänzt. Im Jahr 2007 wurde diese Verordnung durch die VO 834/2007 und die Bio-Durchführungsverordnung 889/2008 ersetzt. Diese Verordnung ist für alle Mitgliedsländer der Europäischen Union verbindlich und regelt Pflanzenbau, Tierhaltung, Verarbeitung, Handel und die Kennzeichnung für Bio-Lebensmittel.

Erzeuger und Verarbeiter von Bio-Lebensmitteln verpflichten sich zur Einhaltung der gesetzlichen Verordnung und erfüllen darüber hinaus noch häufig weit strengere Verbandsrichtlinien.

Nur Lebensmittel, die nach genau festgesetzten Richtlinien hergestellt werden, dürfen als „Bio" vermarktet werden

---

> Als Biosirup oder -nektar für den Verkauf kommen nur Getränke in Frage, die ausschließlich aus biologisch hergestellten Zutaten in einem zertifizierten und kontrollierten Betrieb gewonnen werden. Ohne diese Kontrolle darf man keine Bioprodukte verkaufen.

Geeignete Früchte, Kräuter und Blüten

Nur wer sehr gute Ausgangsstoffe verwendet, kann auch ausgezeichnete Verarbeitungsprodukte herstellen. Verwenden Sie daher zur Sirup- und Nektarherstellung nur geeignete Früchte, Kräuter oder Blüten.

Folgende Anforderungen an die Rohware sind eher von allgemeiner, aber trotzdem von entscheidender Bedeutung.

Anforderungen generell

Guten Sirup und guten Nektar kann man nur aus gesunden, reifen, sauberen, frischen und geeigneten Früchten, Blüten und Kräutern herstellen.

Gesunde Früchte

Als gesund bezeichnet man Früchte, die weder Spuren von Fäulnis, Schimmel noch Schädlingsbefall aufweisen. Angefaulte, schimmelige oder verletzte Früchte sind für die Verarbeitung nicht mehr geeignet. Wenn schon die Früchte faulig schmecken, wie soll dann ein Saft daraus besser schmecken? Auch ein Ausschneiden der Faulstellen bei stark angefaulten Früchten ist zu unterlassen, da die Stoffwechselprodukte der Mikroorganismen bereits die ganze Frucht durchsetzt haben. Kleine Stellen kann man dagegen ohne Weiteres durch Ausschneiden entfernen. Kräuter und Blüten sind in dieser Hinsicht nicht so empfindlich und deutlich weniger anfällig für Schädlinge und Fäulnis.

Verarbeiten Sie keine angefaulten oder schimmeligen Früchte

Reife Früchte und Blüten

Um den bestmöglichen Geschmack zu erreichen, ist es notwendig, reifes und damit vollaromatisches Obst zu verarbeiten. Unreifes oder notreifes Obst mit sehr hohen Säure- und niedrigen Zuckergehalten ist nicht gut geeignet. Im Zuge der Reife sinkt der Säuregehalt, während der Zuckergehalt ansteigt. Erst bei der Vollreife ist das Verhältnis aus Zucker und Säure ausgewogen und das Fruchtaroma am stärksten ausgeprägt.

Der richtige Reifezustand der Ausgangsstoffe ist wesentlich für Geruch und Geschmack des Getränks

Überreifes Obst ist aufgrund seines oftmals zu niedrigen Säuregehaltes für die Verarbeitung nur bedingt geeignet. Es hat seinen geschmacklichen Höhepunkt bereits überschritten und lässt sich nur schwer auspressen und klären.

Richtiger Erntezeitpunkt für Blüten

Auch für Blüten gibt es einen richtigen Erntezeitpunkt. In der abgehenden Blüte lässt das Aroma schon deutlich nach, zu früh geerntete Blüten haben dagegen noch erhebliche Aromadefizite.

Weniger bedeutend ist das Entwicklungsstadium bei der Verarbeitung von Kräutern. Bei den meisten sind auch schon die kleinen Blätter hocharomatisch.

Dass die Ausgangsstoffe sauber sein müssen, gilt aber für Kräuter und Blüten gleichermaßen wie für das Obst: Reinigen Sie zumindest alle Ausgangsstoffe unter fließendem Wasser, um Verschmutzungen, wie anhaftende Erde, Staub oder Insekten, zu entfernen.

Saubere Früchte, Kräuter und Blüten

Nur aus sauberen Ausgangsstoffen kann man hochwertige Produkte gewinnen

Verarbeitungsobst wird nicht immer vom Baum gepflückt, sondern oft auch vom Boden aufgeklaubt. Besonders bei Verwendung einer Obstauflesemaschine oder einer Schüttelmaschine werden neben den Früchten in großem Umfang Blätter, Teile von Trieben, Steine und Erde mit dem Obst aufgelesen. Außerdem haften an den Früchten Staub und eventuell noch Reste von Pflanzenschutzmitteln, so dass es notwendig ist, die Früchte sorgfältig zu waschen.

Kriecherln/Pflaumen lassen sich recht leicht in der Kunststoffsteige waschen

Kernobst ist beim Reinigen eher unempfindlich. Bei der Reinigung von Stein- und Beerenobst muss man besser aufpassen, um die Frucht nicht zu verletzen und den Fruchtsaft nicht schon mit dem Waschwasser auszulaugen. Blüten sollte man, wenn überhaupt, nur vorsichtig abbrausen. Und das am ehesten, wenn sie beispielsweise neben einer Straße oder einer anderen Staubquelle gewachsen sind.

Werden die Ausgangsstoffe nicht gereinigt, kann es durch anhaftende Mikroorganismen zu Problemen bei der Haltbarkeit kommen und der Geschmack der Getränke negativ beeinflusst werden.

Frische Früchte

„Am besten schmeckt's doch frisch." Immer wieder hat sich gezeigt, dass gelagertes Obst für die Verarbeitung weniger gut geeignet ist als frisches. Nachdem sich bei der Lagerung der Säuregehalt verringert, kommt es zu ähnlichen Problemen in der Verarbeitung wie bei überreifem Obst. Außerdem zeigen länger gelagerte Früchte deutliche Aromaeinbußen und führen damit zu eingeschränkter Produktqualität. Es sollte daher auch aus dieser Sicht eine rasche Verarbeitung der frischen Rohware vorgenommen werden.

Dank moderner Lagertechnologie, dem ganzjährigen Anbau mancher Obstarten und Pflanzen, dem einfachen und günstigen weltweiten Transport der Früchte und nicht zuletzt dank der einfachen Möglichkeit des Tiefgefrierens ist es heute möglich, das ganze Jahr über nahezu die gesamte Palette an Früchten oder Kräutern zu verarbeiten. Früchte, die schon den halben Erdball bereist haben, erweisen sich aber im Geschmack häufig als den heimischen unterlegen.

Tiefgefrorene Früchte, wie hier Marillen und Schwarze Ribiseln/Johannisbeeren, eignen sich gut zur Verarbeitung

Geeignete Früchte

Bei all der großen Vielfalt an Möglichkeiten soll man doch beachten, dass sich nicht alle Früchte, Blüten und Kräuter für die Herstellung von Sirup oder Nektar gleichermaßen gut eignen. Manche eignen sich besser für das eine, manche eben für das andere Produkt. Empfehlungen zur Verarbeitung finden Sie im folgenden Kapitel.

Wenn Sie mit ihren Früchten, Blüten und Kräutern all diese Kriterien beachten, haben Sie die Voraussetzung für ein Produkt von hoher Qualität geschaffen.

Wer eine gute Idee zur Verarbeitung einer Frucht, einer Blüte oder eines Krauts hat und dafür kein Rezept findet, kann es einfach mit einer kleinen Menge selbst ausprobieren. Passen Sie dabei nur auf, dass es sich nicht um eine Giftpflanze handelt.

Nicht alle intensiven Kräuter, wie z. B. Salbei, eignen sich zur Sirupherstellung

Eignung der Früchte

Nicht alle Früchte eignen sich für Sirup oder Nektar. In diesem Kapitel sind die gängigsten Verarbeitungsfrüchte und ihre üblichen Enderzeugnisse angeführt.

Äpfel eignen sich nicht so gut für die Weiterverarbeitung zu Nektar oder Sirup

Apfel

Apfelsaft schmeckt als solcher so hervorragend, dass ein Zusatz von Wasser oder Zucker seine Qualität nur verringern kann. Reife Äpfel eignen sich am ehesten zum direkten Entsaften, also zur Herstellung von Apfelsaft, weswegen ich aus ihnen weder Nektar noch Sirup herstellen würde.

Birne

Die Birne gehört zu den Früchten, die schwer zu entsaften sind. Die meisten Sorten lassen sich nur unreif gut abpressen, ergeben dabei aber keinen Geschmack im Saft. Sie werden daher am ehesten zu fruchtfleischhaltigem Nektar verarbeitet. Besonders gut eignet sich die Sorte Williams Christ, andere Birnensorten haben dagegen weniger Aroma.

Die Quitte eignet sich durch ihr intensives Aroma gut zur Nektarherstellung

Quitte

Hocharomatische Quitten eignen sich sehr gut zum Entsaften. Selbst ohne Enzymieren kann man aus den sehr harten Früchten, wenn man sie mahlen kann, durch Abpressen einen sehr guten Saft gewinnen. Pur ist er zwar säuerlich und etwas bitter, lässt sich aber gut zu Sirup oder Nektar verarbeiten. Besonders wichtig ist aber bei der Quitte der Zusatz von einem pektinspaltenden Enzym, da Quittensaft sehr leicht geliert.

Marille/Aprikose

Die sehr aromatische und farbintensive Marille/Aprikose lässt sich fast nicht entsaften, und wenn es doch gelingt, ist der Saft daraus blass, bestenfalls leicht orange. Selbst aus dem Dampfentsafter kommen nur blasse Säfte. Marillen/Aprikosen werden daher fast ausschließlich zu fruchtfleischhaltigem Nektar verarbeitet.

Pfirsich

Für den Pfirsich gelten die gleichen Aspekte wie für die Marille/Aprikose. Er eignet sich vorwiegend für fruchtfleischhaltigen Nektar.

Kirsche

Ergibt einen aromatischen und, je nach Sorte, mehr oder weniger dunklen Saft. Besonders gut eignen sich Weichseln/Sauerkirschen, da ihre rote Farbe auch bei der Lagerung nicht braun wird. Sie können sowohl durch Erhitzen, Enzymieren und anschließendem Pressen entsaftet werden wie auch im Dampfentsafter.

Zwetschke/Pflaume

Vollreife Zwetschken/Pflaumen sind gut zur Nektarherstellung geeignet, allerdings ist die Farbe nicht sehr stabil und wird bald bräunlich. Zu bevorzugen ist ein Zerkleinern, Erwärmen mit anschließendem Enzymieren und Abpressen.

Pflaume, Kriecherl/Haferschlehe

Für diese Früchte gilt an sich das Gleiche wie für die Zwetschke. Sie eignen sich zwar zum Entsaften mit Erwärmen und Enzymieren, können die rote Farbe aber nicht gut halten. Aus dem Dampfentsafter kommen auch farbintensive Pflaumensäfte mit angenehmem Marzipanton.

Mirabelle, Ringlotte/Reineclaude

Die beiden Früchte eignen sich sowohl für Sirup (allerdings nicht so stark gezuckert wie Sirup aus Beeren, also nur für den Eigenbedarf) als auch für einen fruchtfleischhaltigen Nektar. Allerdings färbt sich dieser auch nach wenigen Monaten etwas bräunlich.

Das Kriecherl eignet sich gut für Sirup, aber auch für Nektar

Mirabellen lassen sich ohne Enzymierung fast nicht entsaften

Die kleinfrüchtigen Schlehen sind sehr mühsam zu ernten und geben nur eine sehr geringe Saftausbeute

Schlehe

Die Schlehe eignet sich nur bedingt zum Entsaften. Beim Pressen gibt sie wenig Saft, und aus dem Dampfentsafter ist der Geschmack nach Bittermandel vorrangig. Viele entsaften die Schlehen daher im Dampfentsafter, mit Äpfeln gemischt.

Ribisel/Johannisbeere, Himbeere, Heidelbeere

Sie kann man sogar kurz aufkochen, um ein Maximum an Farbstoffen herauszuholen, und sowohl Sirup als auch Nektar sind dann intensiv gefärbt. Vor dem Abpressen muss man sie aber unbedingt abkühlen lassen und mit einem pektinspaltenden Enzym behandeln, ansonsten lassen sie sich nicht abpressen.

Stachelbeere

Stachelbeeren enthalten wie Ribiseln/Johannisbeeren recht viel Pektin und müssen daher vor dem Entsaften unbedingt enzymiert werden. Allerdings kann man aus ihnen keine farbintensiven Getränke herstellen – sie haben immer eine eher blasse Farbe.

Erdbeere

Für sie gilt Ähnliches wie für die anderen rot gefärbten Beeren. Allerdings würde ich Erdbeeren nicht aufkochen, da sie bei Temperaturen über 50 °C deutlich an Aroma verlieren. Die besten Erfolge beim Entsaften von Erdbeeren zeigen sich durch Erwärmen, Enzymieren und anschließendem Abpressen.

Stachelbeeren ergeben Nektar und Sirup mit wenig attraktiver Farbe

Die Erdbeere ergibt leuchtend rote Produkte, die leider nicht sehr farbstabil sind

Weintraube

Besonders gut eignen sich aromatische Sorten, wie Muskat Ottonel, oder Direktträgertrauben, wie Isabella. Sie bringen sowohl als Nektar als auch als Sirup ein sehr intensives Aroma mit sich. Entscheidend ist auch hier das Enzymieren der Trauben vor dem Pressen bzw. bei roten Sorten das Erwärmen davor.

Schwarzer Holunder

Bei einem Nektar oder Sirup aus Schwarzem Holunder braucht man sich um die Farbe nicht zu sorgen, in den Beeren ist sehr viel Farbstoff enthalten. Das Aroma spaltet die Saftfreunde, die einen lieben es, die anderen können es nicht riechen.

Vogelbeeren/Ebereschen

Sie eignen sich durch ihren herben Geschmack nicht unbedingt für ein Getränk. Ich würde sie eher zu einem Fruchtaufstrich verarbeiten.

Sanddorn

Die Früchte des Sanddorns haben einen sehr eigenwilligen Geschmack, so dass Säfte daraus nur wenige Anhänger finden. Für diese ist der Sanddorn allerdings ein regelrechter Vitaminspender, da er große Mengen an Vitamin C enthält.

Die farb- und geschmacksintensiven Holunder-beeren ergeben intensiven Nektar und Sirup

Vogelbeeren/Ebereschen und Getränke aus ihnen eignen sich nur für Liebhaber des Aromas

Kiwis/Minikiwis sind nur bedingt geeignet

Kiwi/Minikiwi
Die frisch noch recht farbintensive Frucht hält sowohl als Saft als auch als Fruchtmark die Farbe nicht lange. Getränke daraus haben weder einen prägnanten Eigengeschmack noch eine einladende Farbe. Sie eignen sich für Aufstriche besser als für Säfte.

Orangen, Zitronen
Sie geben recht intensive Getränke. Je saurer der Saft ist, umso eher ist er zur Sirupherstellung geeignet.

Wozu eignen sich die einzelnen Obstarten?

Obstart	Nektar fruchtfleischhaltig	Nektar blank	Sirup
Apfel	–	–	–
Birne	+ +	–	–
Quitte	–	+	+
Marille/Aprikose	+ +	–	–
Kirsche	+	+	–
Weichsel/Sauerkirsche	+ +	+ +	+ +
Zwetschke/Pflaume	+ +	–	–
Kriecherl/Haferschlehe, Mirabelle	+ +	+	+
Himbeere	+ +	+	+ +
Erdbeere	+ +	–	+
Ribisel/Johannisbeere, schwarz	–	+ +	+ +
Ribisel/Johannisbeere, rot	–	+	+ +
Brombeere	+ +	+	+
Stachelbeere	–	+	–
Holunder	–	+ +	+ +
Weintraube	–	+ +	+
Kornelkirsche	+ +	–	–
Kiwi, Minikiwi	–	–	–
Vogelbeere/Eberesche	–	+	–
Orange, Zitrone	+	–	+

„ + + " sehr gut geeignet, „ + " geeignet, „–" weniger gut geeignet

Eignung von Kräutern und Blüten

Die hier angeführten Kräuter und Blüten eignen sich recht gut, um daraus einen Sirup herzustellen, für die Nektarproduktion dagegen sind sie weniger gut geeignet.

Geeignete Kräuter

Melisse
Am häufigsten verwendet man Zitronen- oder Goldmelisse zur Sirupherstellung. Sie ergeben verdünnt ein erfrischendes und beliebtes Getränk.

Minze
Verdünnter Minzesirup ist im Sommer eine sehr willkommene Erfrischung. Achten Sie allerdings neben der Menge an verwendeten Blättern auch auf die Minzeart. Pfefferminze ergibt bei zu vielen Blättern im Ansatz einen manchmal zu intensiven Minzeton – probieren Sie daher die Rezepte immer vorher mit einer kleinen Menge aus.

Zitronenverbene
Die Blätter vom Verbenenstrauch ergeben im Sirup einen leichten Zitrusgeschmack und machen ihn deswegen recht beliebt.

Melissen ergeben einen sehr erfrischenden Sirup

Minzearten ergeben einen sehr intensiven Sirup

Waldmeister

Das nur an wenigen Stellen im Wald vorzufindende Kraut bringt eher nur zarte Aromen in den Sirup, angetrocknet verarbeitet wird das Aroma etwas intensiver.

Ingwer

Der Sirup aus den Ingwerwurzeln hat je nach Ansatz eine gewisse Schärfe und wird daher häufig zum Süßen eines wärmenden Tees verwendet. Im Sommer wird die wohlige Schärfe im verdünnten Sirup als erfrischend empfunden.

Geeignete Blüten

Holunderblüte

Sirup aus der Holunderblüte ist der „Klassiker" unter den Blütensirupen. Er ist in ganz Mitteleuropa bekannt und beliebt. Das intensive an Zitronen und Muskattrauben erinnernde Aroma der Blüten geht recht gut in den Sirup über und bildet dieses einzigartige Aroma.

Traubenkirschenblüte

Die Blüten der Traubenkirsche riechen sehr intensiv, zählen zu den ersten Blühern im Frühjahr und bringen manchmal ganze Auwälder zum Duften. Ihr Geruch erinnert an Honig und etwas an Bittermandel und ist auch so im Sirup zu finden.

Holunderblüten sind zur Sirup-
herstellung weitverbreitet

Traubenkirschenblüten

Mädesüß

Die Blüten von dieser eher auf nassen Wiesen wachsenden Pflanze ergeben einen Sirup, der dem von Holunderblüten etwas ähnelt.

Indianernessel

Die Blüten der „Monarda" sind wunderschön anzusehen. Der Sirup aus ihnen ist goldgelb bis orange gefärbt und leider nicht so leuchtend rot, wie man es sich erhoffen könnte. Ähnlich ist es mit dem Aroma, das ruhig auch intensiver sein könnte.

Rosenblüten

Selbst nach unzähligen Versuchen ist es mir nicht gelungen, im Sirup das Aroma hinzubekommen, wie ich es mir erhofft habe. Die Farbe ist recht einfach zu gewinnen, für das Aroma ist aber die Duftintensität der Blüte entscheidend.

Löwenzahn

Sirup aus Löwenzahnblüten wird vorwiegend als so genannter „Löwenzahnhonig" als Aufstrich und eher selten als Getränk verwendet. Beides schmeckt deutlich honigartig und hat keine spezielle Aromarichtung.

Akazienblüten

Die wunderschönen Blüten der Akazie eignen sich nur bedingt für die Sirupherstellung, da sie nur ein ganz schwaches Aroma mitbringen.

Voll aufgeblühte Löwenzahnblüte

Im Garten sehr dekorativ und wohlschmeckend im Sirup – die Indianernessel

(WMF)

Ausrüstung

Gerätschaften

Zur Herstellung von Nektar oder Sirup für die **Eigenversorgung** benötigt man keine besonderen Geräte. In einer einigermaßen gut eingerichteten Haushaltsküche ist alles zu finden, was man dafür braucht. Die wichtigsten Dinge sind:

- Obstschäler oder Messer
- Küchenmaschine zum Zerkleinern oder Pürierstab
- Küchenwaage
- Küchensieb
- Edelstahltöpfe als Kochgeschirr
- Kochlöffel, Schaumlöffel, Schöpfer, Einfülltrichter
- Dampfentsafter (zur Saftherstellung)
- Thermometer

Es ist sehr wichtig, alle Geräte, Werkzeuge und Behältnisse vor und nach ihrer Verwendung gründlichst zu reinigen. Beim Kochgeschirr sind Edelstahltöpfe zu bevorzugen, da sie leichter und gründlicher gereinigt werden können und eine längere Lebensdauer aufweisen. Obstschäler und Messer sollten über einen festen Griff und eine scharfe Klinge verfügen, Kochlöffel, Schöpfer und Einfülltrichter sind obligatorisch. Ein Schaumlöffel ist vor allem angebracht, wenn schäumende Früchte, wie Kirschen, Weichseln/Sauerkirschen oder Holunderbeeren verarbeitet werden.

An sich braucht man keine besondere Ausrüstung für die Saftherstellung

Laborfilter mit erforder-
licher Klärschärfe – mit
Tee- oder Kaffeefilter
nicht erreichbar

Zur Gewinnung **größerer Fruchtsaftmengen**, also deutlich über den Eigenbedarf hinaus, sind folgende Geräte sehr hilfreich:

- Obstmühle
- Saftpresse
- Rebler
- Filter
- Pasteur
- Füller

Gebinde

Flaschen

Sowohl für den Eigenbedarf als auch für den Direktvermarkter hat die Glasflasche immer noch die größte Bedeutung. Weder bei Sirup noch bei Nektar finden PET-Flaschen oder Plastikbeutel (Bag-in-Box) große Verbreitung.

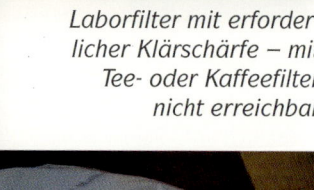

Bag-in-Box-Beutel
gewinnen immer mehr
an Bedeutung

Nektar wird an sich relativ rasch ausgetrunken, weswegen dafür im Normalfall eine nichtwiederverschließbare Flasche ausreicht. Nach dem Öffnen ist Nektar nur bei Lagerung im Kühlschrank noch einige Tage haltbar. Bei Sirup dauert es meistens länger, bis die Flaschen geleert sind, deshalb bevorzuge ich dafür Flaschen mit Schraubverschluss.

Glasflaschen sind heute aus so gutem Material, dass sie bei der Heißfüllung nicht zerspringen. Das doch eher mühsame Vorwärmen der Flaschen kann somit bei unbeschädigten Flaschen unterbleiben.

Verschlüsse

Schraubverschluss

Für Sirup sind Schraubverschlüsse die derzeit am häufigsten verwendeten Verschlüsse, aber auch immer öfter wird Nektar in Flaschen mit Schraubverschluss abgefüllt. Dabei handelt es sich um Schraubkappen, die auf einem vorgefertigten Gewinde der Flasche dicht und ohne spezielles Gerät aufgesetzt werden können. Unabhängig davon, ob aus Kunststoff oder aus Aluminiumlegierungen, lassen sich diese Kappen ohne besonderen Kraftaufwand auf die Flaschen aufsetzen, schließen diese dicht ab und erlauben ein häufiges Wiederverschließen.

Schraubverschluss mit
fixem und aufgerolltem
Gewinde

Kronenkorken

Der Kronenkorken, allgemein als „Kapsel" bekannt, war in den letzten Jahren bei Fruchtsäften für die Direktvermarktung in Österreich der gängige Verschluss, bei der Produktion für den Eigenbedarf hatte er allerdings nie große Bedeutung.

Seine Vorteile sind, dass er mit recht einfachen mechanischen Geräten absolut dicht schließend auf die Flaschen aufzusetzen und daneben auch noch billig ist. Voraussetzung ist die Verwendung von Flaschen mit einer geeigneten Mündung.

Der Nachteil ist, dass man einen Flaschenöffner zum Öffnen einer Flasche benötigt und dass einmal geöffnete Flaschen damit nicht mehr dicht verschlossen werden können. Für die Saftvermarkter hat der Kronenkorken aus diesen Gründen stark an Bedeutung verloren. Auch werden Kronenkorken im Laufe der Zeit manchmal durch Korrosion unansehnlich.

Die „Kapsel" war einmal der wichtigste Verschluss von Saftflaschen

Gummikappen

Gummikappen hatten vor der alltäglichen Verfügbarkeit des Schraubverschlusses große Bedeutung, werden heute aber nur mehr selten verwendet. Sie bieten einen luftdichten Verschluss für Flaschen und ermöglichen ein Wiederverschließen.

Das Aufsetzen der Kappen auf die Flaschen ist genauso mühsam wie das Abnehmen. Um das fummelige Aufsetzen der Kappen zu erleichtern, werden eigene Behelfshaken angeboten. Vor ihrer Verwendung müssen die Kappen sterilisiert werden, ein Umlegen der frisch verschlossenen Flaschen ist auch nicht gut möglich.

Nach dem Abkühlen des Inhalts sorgt der Unterdruck in der Flasche für ein festes Anziehen der Kappe und macht das Öffnen manchmal ganz schön mühsam. Wenn man sie mehrmals verwendet, wird der Gummi spröde und rissig und muss ersetzt werden.

Gummikappen verlieren immer mehr an Bedeutung

Ausgangssaft für Sirup und blanken Nektar

Anforderungen an den Saft

Eigentliche Saftgewinnung

Das Entsaften und die Saftgewinnung aus den Früchten ist ein ganz wesentlicher Punkt in der Herstellung von Fruchtsirup und blankem Fruchtnektar. Beide werden aus Fruchtsaft hergestellt, und nur aus einem fruchtig-intensiven Saft kann ebensolcher Nektar oder Sirup gewonnen werden. Je klarer und farbintensiver der Fruchtsaft ist, desto attraktiver wird das Enderzeugnis – blasser Saft ergibt blassen Sirup. Nach bereits kurzer Zeit nimmt der wenig farbintensive Sirup eine schale Farbe an und sieht nicht mehr ansprechend aus. Verwenden Sie daher nur geeignete Säfte zur weiteren Verarbeitung.

Wie man das Fruchtmark für fruchtfleischhaltigen Nektar gewinnt, ist im Kapitel über die Nektarherstellung, Seite 59, beschrieben.

Anforderungen an den Saft

Die beste Ausgangsbasis für einen attraktiven Fruchtsirup ist ein farb- und aromaintensiver, pektinfreier, klarer und stabiler Fruchtsaft.

Geschmack

Geschmacksintensive Getränke erzielt man ausschließlich durch Verarbeitung hocharomatischer, einwandfreier Früchte. Je intensiver die Früchte im Geschmack sind, umso leichter ist es, ein ebenso intensives Getränk daraus zu bereiten. Früchte mit kaum ausgeprägtem Aroma eignen sich weniger.

Farbe

Farbintensive und möglichst klare Säfte werden bevorzugt verwendet. Ein wenig farbintensiver Ausgangssaft ergibt einen blassen Sirup oder blassen Nektar, was nicht sehr ansehnlich ist. Nur farbintensive Säfte können auch nach dem Verdünnen noch ansprechend wirken. Besonders große Bedeutung hat daher gerade bei rotgefärbten Früchten die richtige Saftgewinnung.

Viel intensiver in Farbe und Geschmack als Holunder geht es wohl nicht

Enzymierung

Der Fruchtsaft sollte unbedingt ausreichend enzymiert sein. Das von Natur aus in den Früchten vorhandene Pektin muss im Zuge der Verarbeitung durch ein pektinabbauendes Enzym (= Antigeliermittel) aufgespalten werden. Das gilt besonders für Säfte aus Obstarten mit hohem Pektingehalt (siehe Seite 142 f.), aus denen Sirup hergestellt werden soll. Wird nicht ausreichend enzymiert, kann es leicht passieren, dass der Sirup in den Flaschen geliert.

Ganz alte Ratgeber empfehlen ein Angären des Saftes vor dem Zuckern bei der Sirupherstellung, da während der Gärung das fruchteigene Pektin durch die Gärhefe abgebaut wird. Dabei entsteht neben dem unerwünschten „gärigen" Geschmack auch Alkohol, weswegen es nicht mehr angewendet wird. Heute geschieht der Abbau von Pektin ausschließlich mit Hilfe von pektolytischen (= pektinspaltenden) Enzymen.

Beim Nektar ist die Gefahr des Gelierens nicht gegeben, da der Rohsaft verdünnt und nicht so stark gezuckert wird.

Der Pektinabbau durch zugesetzte Enzyme verhindert das Gelieren in der Flasche und erleichtert die Klärung

Klarheit

Der Fruchtsaft sollte weitestgehend klar sein, denn sowohl für die Vermarktung als auch für den Eigenbedarf werden immer mehr Getränke filtriert. Das kann ganz einfach mit einem Trichterfilter oder für größere Mengen mit einem Schichtenfilter geschehen. Am leichtesten ist es, den Saft vor der weiteren Verarbeitung bzw. vor dem Zuckerzusatz zu filtrieren. Fertiger Nektar lässt sich zwar noch einigermaßen problemlos filtrieren. Sirup allerdings ist mit seinem hohen Zuckergehalt schon recht zähflüssig und daher nicht mehr leicht zu filtrieren. Für stark gezuckerte Säfte bilden die Filterschichten einen großen Widerstand, so dass der

Sirup durch den Trichterfilter extrem langsam durchläuft. Sirupe lassen sich überhaupt nur heiß filtrieren.

Stabilität
Dass der Fruchtsaft stabil sein soll, hat wohl nur eher für jene Bedeutung, die Nektar oder Sirup in größerem Umfang und nicht nur zur Deckung des Eigenbedarfs produzieren möchten.

Bereits vor dem Zuckerzusatz sind potenzielle Trübungsbildner aus dem Saft zu entfernen. Dazu zählen vorrangig Eiweiß und Gerbstoffe. Sie sind durch vorhergehende Erhitzung oder Bentonitbehandlung bzw. Gerbstoffschönungen so in ihrer Konzentration zu verringern, dass ein späteres Ausflocken sicher vermieden wird. Die genaue Durchführung dieser Behandlungen findet sich in allen Fruchtsaft-Fachbüchern.

Der Saft soll sich in der Flasche nicht mehr verändern – er soll stabil bleiben

Eigentliche Saftgewinnung

Selbstverständlich kann man diesen klaren, farb- und aromaintensiven, stabilen und pektinfreien Fruchtsaft auch kaufen. Im Supermarkt, im Reformhaus oder auch am Bauernmarkt sind nahezu alle gängigen Fruchtsäfte erhältlich.

Aber gerade Säfte (und nicht Nektare) aus Beeren, wie Himbeeren oder Ribiseln/Johannisbeeren, sind erstens gar nicht so einfach zu finden und zweitens auch noch relativ teuer. Das Entsaften selbst ist noch dazu recht einfach und kann leicht selbst durchgeführt werden. Und der ganze Herstellerstolz gebührt nur dem, der auf ein komplett selbst erzeugtes Produkt verweisen kann.

Kaufen kann man so gut wie alle Säfte – die Kunst ist es, sie selbst herzustellen

Entsaften

Damit man überhaupt an den begehrten Saft herankommt, zerkleinert und entsaftet man die Früchte. Je nach Obstart treten hierbei schon erste Unterschiede auf.

Kernobst

Zum Zerkleinern von Äpfeln, Birnen und Quitten verwendet man am besten Obstmühlen. Sie zerkleinern die Früchte, lassen aber Stiele und Stängel ganz. Weiche, vollreife Birnen darf man nicht so fein zerkleinern, wie man es bei noch knackigen Äpfeln machen kann, da sie sich nicht mehr pressen lassen würden. Zu feine Fruchtstücke gehen beim Entsaften mit in den Saft und erschweren die Klärung, zu große Stücke verringern dagegen die Saftausbeute.

Kernobst wird ohne Erwärmen mittels Obstmühle zerkleinert – nicht zu fein und nicht zu grob – und meistens gleich anschließend abgepresst. Ein Stehenlassen der Maische würde neben einer geringfügigen Ausbeuteverbesserung zu unerwünschten Bräunungen führen. Auch geringfügige Aromaverluste wären die Folge. Also wird Kernobst gleich nach dem Zerkleinern abgepresst.

> Kernobst ist recht einfach zu entsaften

Stein- und Beerenobst

Viele Beeren sind rot gefärbt und werden beim Reifen relativ weich. Sie können nicht gleich wie Kernobst entsaftet werden. Die Ausbeute wäre mengenmäßig und auch farbmäßig zu gering. Daher muss man diese Früchte anders entsaften.

Vorbereitung der Früchte

Nach dem Waschen müssen bei Holunder, Ribiseln/Johannisbeeren und Vogelbeeren/Ebereschen Stiele und Blätter entfernt werden. Was früher eine mühselige Handarbeit war, wird heute von Reblern aus der Traubenverarbeitung getan. Im Haushalt leisten die Aufsätze von Küchenmaschinen gute Dienste. Die Beeren müssen zwar vor dem Entsaften nicht entstielt werden, man sollte es aber dennoch tun. Andernfalls könnten unerwünschte Bitterstoffe in den Saft gelangen.

Steinobst kann man zwar entkernen, es ist aber nicht unbedingt notwendig. Ganz im Gegenteil – vielen schmeckt der dezente Geschmack nach Marzipan oder Bittermandel im Saft recht gut.

Vor der Blausäure im Saft braucht man bei Steinobst keine Angst zu haben, da die aus den Kernen gelösten Mengen sehr gering und harmlos sind.

Abb. 1 und 2: Aufkochen von (tiefgefrorenen) Früchten

Zerkleinerung und Enzymierung

Nach dem Vorbereiten der Früchte werden diese zerkleinert. Das geschieht entweder mit einer Quetsche oder einer Walzenmühle bzw. zu Hause mit einem Mixer. Anschließend wird die Fruchtmasse auf etwa 40 bis 50 °C erhitzt, um die Farbausbeute zu verbessern, und dann enzymiert, um die Maischen auspressen zu können. Säfte aus erhitzten Maischen sind deutlich intensiver gefärbt als andere.

Wenn man tiefgekühlte Früchte verwendet, werden diese in einem Kochtopf- oder -kessel aufgetaut, erhitzt und manchmal sogar aufgekocht. Erst wenn die Früchte weich sind und deutlich Flüssigkeit abgegeben haben, nimmt man den Topf von der Platte. Beim Kochen sollten Sie nicht zu viel rühren, damit der Trubanteil im Saft gering bleibt. Stark gerührtes Obst hat nach dem Kochen einen musigen Charakter und ist nur mehr schwer zu entsaften.

Dann lässt man die Fruchtmasse abkühlen, und sobald sie auf unter 50 °C abgekühlt ist, setzt man ein pektinspaltendes Enzym zu. Bei dieser Temperatur haben diese Enzyme – abgesehen von der besseren Farbausbeute – ihr Wirkungsoptimum, bei höheren Temperaturen werden sie bereits beschädigt. Das Enzym verbessert nochmals die Farbausbeute und garantiert neben der verbesserten Pressfähigkeit, dass ein damit hergestellter Sirup ganz sicher nicht geliert.

> Nicht enzymierte Maischen aus Beeren kann man nicht abpressen, und nicht enzymierte Säfte aus Beeren gelieren bei der Sirupherstellung sehr leicht.

Pfirsich- und Marillen-/Aprikosenmaische lassen sich auch nach dem Enzymieren nur schwer zu einem Saft abpressen, und wenn, dann ist dieser nach der Klärung nicht wie erwartet hell und leuchtend gelb oder orange, sondern eher blass. Zwetschken, Pflaumen oder Kirschen kann man auf diese Art dagegen recht gut entsaften.

Abpressen

Etwa 2 Stunden nach dem Zusatz vom Enzym kann man die Fruchtmasse abpressen.

> Lassen Sie dem Saft Zeit zum Ablaufen.

Drücken Sie die Masse zu fest zusammen, gelangen vermehrt Trubstoffe in den Saft und das Getränk verliert an Glanz.

Die Farbausbeute derartig hergestellter Säfte ist hoch, während der frische Fruchtgeschmack durch den Kochvorgang und das zugesetzte

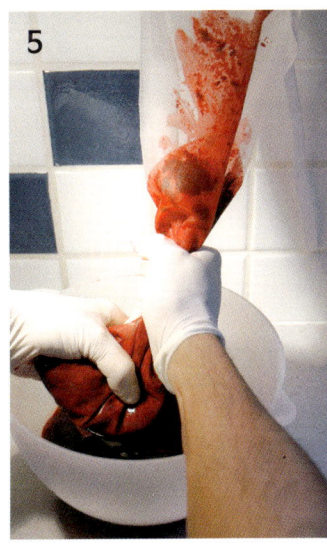

Abb. 3: Zum Messen der Temperatur reicht auch ein Braten-Thermometer
Abb. 4: Die Fruchtmasse wird abgedeckt etwa 2 Stunden lang enzymiert
Abb. 5: Abpressen mit einem Saftpressbeutel

Wasser sicher etwas verloren hat. Dennoch ist diese Methode zur Gewinnung kleiner Saftmengen gut geeignet und weit verbreitet.

Wer schon einmal versucht hat, Ribisel-/Johannisbeermaische abzupressen, der weiß um die Bedeutung des Pektinabbaus in der Maische. Das für die Marmeladeherstellung notwendige Pektin stört uns hier mit seiner Quellfähigkeit. Es macht die Maische dickflüssig und verklebt die Saftdurchlässe der Presse.

Ohne enzymatischen Pektinabbau ist ein Pressen pektinreicher Beerenobstarten undenkbar

Entsaften mit dem Dampfentsafter

Eine noch immer gebräuchliche Methode der Saftgewinnung im Haushalt quer durch alle Obstarten ist nach wie vor die Verwendung des Dampfentsafters. „Alt, aber gut (und bewährt)", könnte man sagen. Er hatte seine absolute Berechtigung zu Zeiten, als pektinspaltende Enzyme noch nicht so weitverbreitet waren und die Dampfentsaftung die einzige Methode war, aus den Früchten halbwegs blanken Saft gewinnen zu können. Heute hat er etwas an Bedeutung verloren, da andere Methoden immer mehr Fuß fassen.

Gerade bei der Sirupherstellung kommt es öfter vor, dass Säfte aus dem Dampfentsafter unerwünschterweise, aber dafür umso besser in der Flasche gelieren.

Ein Dampfentsafter besteht aus drei Behältern, einem für das Wasser, einem zum Auffangen des Saftes und einem durchlöcherten Behälter, in dem die Früchte entsaftet werden. Mit ihm ist es leicht, einen relativ klaren, farbintensiven Saft zu gewinnen, der sich gut zur Weiterverarbeitung eignet.

Allseits bekannter und altbewährter Dampfentsafter (Foto: WMF)

Dampfentsaftung

■ Die Früchte müssen vor dem Entsaften verlesen und gereinigt werden. Ein Einzuckern der Früchte vor dem Entsaften ist eher zu vermeiden, da ansonsten das Einkochverhältnis nicht mehr genau eingehalten werden kann. Auch nachträgliches Einrechnen des zugesetzten Zuckers führt nicht mehr zur erwünschten Genauigkeit.

■ Anschließend füllt man das Wassergefäß bis zur Markierung (etwa zu ¾ voll) und gibt die Früchte locker in den durchlöcherten Fruchtkorb – sie sollten nicht hineingepresst werden. Das Wasser anschließend zum Kochen bringen. Der aufsteigende Dampf bringt die Zellwände der Früchte zum Platzen und ermöglicht dadurch den Saftaustritt.

■ Der anfangs ablaufende Saft ist sehr intensiv und süß, gegen Ende des Entsaftens hin wird er dünn und weniger aromatisch. Es ist daher nicht sinnvoll, beim Entsaften laufend Saft abzufüllen. Besser ist es, ihn in einem Sammelgefäß aufzufangen. Der während des gesamten Entsaftungsvorgangs aufgefangene Saft weist dann eine einheitliche Intensität und damit auch gleiche Qualität auf.

Aufbau eines Dampfentsafters (Foto: WMF)

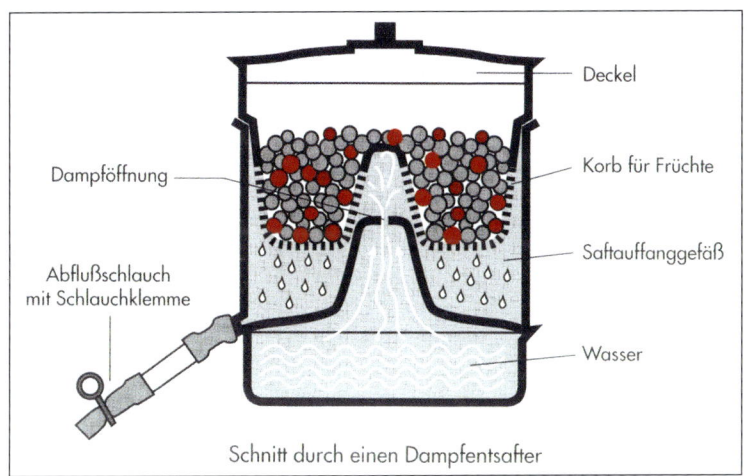

Schnitt durch einen Dampfentsafter

Deckel

Dampföffnung

Korb für Früchte

Abflußschlauch
mit Schlauchklemme

Saftauffanggefäß

Wasser

Schnitt durch einen Dampfentsafter

Schnittbild durch einen Dampfentsafter

Je nach verwendetem Obst dauert ein Entsaftungsvorgang eine halbe Stunde (bei weichem Obst) und eine Stunde (bei harten Früchten). Je länger man entsaftet, desto höher ist die Saftausbeute, aber umso mehr leidet der Geschmack. Kürzere Entsaftungszeiten laugen das Obst nicht so stark aus und erhöhen die Geschmacksintensität des Safts, verringern aber auch die Ausbeute. Den gewonnenen Saft auf unter 50 °C abkühlen lassen und anschließend das pektinspaltende Enzym zusetzen.

Es gibt spezielle Druckkochtöpfe mit Einsätzen, die man ebenfalls zum Weichkochen von Obst verwenden kann. Bei weichen Früchten ist der Zeitgewinn dadurch nicht besonders groß, bei harten Früchten verkürzt sich die Kochdauer um einige Minuten im Vergleich zur offenen Kochweise.

Mit dem Dampfentsafter können fast alle Obstarten entsaftet werden

Eine Messerspitze Enzym reicht zum Pektinabbau für mehrere Liter warmen Fruchtsafts aus dem Dampfentsafter

Saftbehandlung

Schönung

Wer die Trubstoffe aus dem Saft entfernen möchte und einen blanken Saft anstrebt, verwendet Schönungsmittel. Durch diese Behandlung möchte man den Saft vor dem Zuckern klären bzw. stabilisieren. Damit soll verhindert werden, dass sich der fertige Sirup noch eintrübt. Die Verwendung von Schönungsmitteln wie Bentonit, Gelatine oder Kieselsol ist unbedenklich und wird in jedem Buch über Fruchtsäfte beschrieben.

Die Schönung macht die Säfte klar (= „schön") und stabilisiert sie

Für die Hersteller kleinerer Mengen und vor allem für den eigenen Haushalt sind leichte Trübungen von geringer Bedeutung und können toleriert werden.

Ein anderer Behandlungsschritt – das Enzymieren – ist aber auch für die Hersteller kleinerer Mengen von Bedeutung, sofern sie nach dem Abkühlen in ihren Flaschen Sirup vorfinden wollen und nicht Gelee.

Enzymierung

Enzyme sind Eiweißkörper, die in jeder Pflanze, jeder Frucht und in jedem Organismus vorkommen. Sie beschleunigen bzw. ermöglichen biochemische Reaktionen und sind somit Voraussetzung für jede Art von Leben. Bei den meisten derzeit in der Früchteverarbeitung eingesetzten Enzymen handelt es sich um Stoffe, die aus Mikroorganismen – hauptsächlich aus Pilzen – gewonnen wurden. Sie sind somit nichts „Künstliches".

Wurde die Maische vor dem Pressen wie bei Kernobst nicht enzymiert, dann muss das im Saft erfolgen

Was ursprünglich nur die gewerblichen Hersteller von Säften verwendeten, hat nun auch schon bei kleineren Betrieben Einzug gehalten. Auch hier werden bewusst Enzyme zum Abbau von Pektin eingesetzt, um die Klärung zu beschleunigen oder um unerwünschtes Gelieren zu verhindern.

In der häuslichen Obstverarbeitung findet man diese auch „Antigeliermittel" genannten Präparate immer öfter. Sie kommen als Pulver oder in flüssiger Form in den Handel und sind über Fachgeschäfte oder den Versandhandel recht leicht erhältlich.

Der enzymatische Abbau von Pektin

Im Zusammenhang mit Fruchtsaft bezieht sich „Enzymieren" fast immer auf den gezielten enzymatischen Abbau von Pektin. Diese Enzyme sind zwar in allen Früchten enthalten, aber weichen im Zuge der Reife durch den enzymatischen Abbau von Pektin auf. Nur ist die Menge dieser natürlich vorkommenden Substanzen zu gering, um das Pektin der Früchte vollständig abbauen zu können. Ihr Zusatz ist sozusagen eine unterstützende Maßnahme bei einem natürlichen Prozess.

Ohne Enzymierung würden viele Sirupe in der Flasche gelieren

> Der Pektinabbau verhindert nicht nur das Gelieren, er hat auch einen gewissen Klärungseffekt.

Pektin bildet um Trubteilchen herum eine Schutzhülle und stabilisiert den Trub im Saft. Durch den Enzymzusatz wird das Pektin gelöst und abgebaut. Der Saft wird dadurch dünnflüssiger, die Trubteilchen setzen sich leichter ab und der Saft wird fast klar.

Die Säfte aus pektinreichen Früchten müssen vor dem Zuckern mit Enzymen behandelt werden, um ein Gelieren des Saftes zu verhindern. Dies geschieht bei Temperaturen zwischen 10 und 55 °C. Darunter wirken die Enzyme fast nicht, jede Temperaturerhöhung um 10 °C verdoppelt aber fast ihre Abbaugeschwindigkeit. Bei Temperaturen um 50 °C ist die Wirkung am stärksten, während es ab 60 °C zu Schäden an den Enzymen kommt und sie ihre Wirkung verlieren.

1 l heiße Ribisel-/Johannisbeermasse, durch ein Geschirrtuch gepresst (links), ergibt nach Enzymzusatz beinahe 600 ml fast klaren Saft, ohne Enzyme gerade einmal 200 ml und einen nassen Pressrückstand (rechts)

Richtiger Zeitpunkt für die Enzymierung

Säfte aus **Kernobst** werden fast ausschließlich kalt abgepresst und anschließend enzymiert. Das Enzym braucht nach seinem Zusatz etwa 1–2 Stunden, um die volle Wirkung zu entfalten.

Steinobst oder **Beerenobst**, wie beispielsweise Ribiseln/Johannisbeeren, muss man bereits vor dem Pressen enzymieren. Dafür werden die Früchte zerkleinert, ohne dabei die Kerne zu zerstören, und nach einer eventuellen Erwärmung auf maximal 50 °C werden die Enzyme zugesetzt. Kalt enzymierte Säfte oder Maischen benötigen etwa 4 Stunden zum vollständigen Pektinabbau. Setzt man kein Enzym zu, lassen sich die Früchte nur schlecht und mit deutlichen Ausbeuteeinbußen abpressen.

Bei aufgekochten und anschließend durch ein Tuch gepressten oder im **Dampfentsafter** entsafteten Früchten muss der Saft zuerst abkühlen, bevor das Enzym zugesetzt werden kann. Erst wenn der Saft auf etwa 50 °C abgekühlt ist, darf man das Antigeliermittel dazugeben. Ist der Saft noch zu heiß, verlieren die Enzyme sonst ihre Wirkung.

Enzymzusatz

Am besten vermischt man die benötigte Menge mit etwas Saft. Anschließend vermengt man diese kleine Menge mit dem restlichen Saft, um eine gleichmäßige Verteilung zu erlangen. Die notwendigen Mengen sind sehr gering. Ein Esslöffel flüssiges Enzym reicht für 100 l Saft aus. Verkostungen haben gezeigt, dass selbst, wenn man viel zu viel Enzym zusetzt, weder Geruch noch Geschmack darunter leiden.

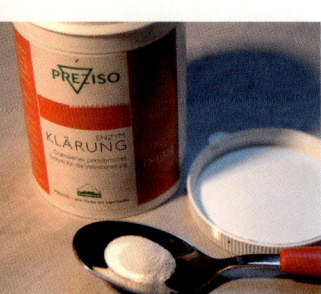

Beziehen kann man diese pektinspaltenden Enzyme – oder auch Antigeliermittel genannt – in Geschäften mit Kellereibedarf oder in Drogerien bzw. über den Versandhandel. Einige der Händler sind im Bezugsquellenregister im Anhang zu finden.

Ein Esslöffel Enzym, ausreichend für 100 l Saft

Klärung

Bereits mit einfachen Mitteln, wie mit Küchensieben, Mull- oder Geschirrtüchern, kann man den Saft schon gut klären. Für den Verkauf von Sirup oder Nektar empfiehlt es sich allerdings, den Rohsaft vor dem Zuckerzusatz zu schönen und dann zu filtrieren.

> Bei der Klärschönung von Fruchtsäften werden Bentonit, Kieselsol und Gelatine verwendet.

Wie man diese Mittel richtig einsetzt, ist in jedem Ratgeber zur Fruchtsaftherstellung beschrieben.

Zur Filtration kleiner Mengen verwendet man Filter, die wie überdimensionale Kaffeefilter aussehen. Sie sind mit verschiedenen Porengrößen erhältlich. Bereits mit der gröbsten lässt sich der Saft ausreichend klar filtrieren. Für größere Saftmengen setzt man Schichtenfilter mit unterschiedlicher Klärschärfe ein.

Entscheidend für den Erfolg der Filtration ist der im vorigen Kapitel erwähnte Pektinabbau. Bei großen Mengen Pektin im Saft verkleben die Filterschichten oder das Filterpapier innerhalb kürzester Zeit und lassen keinen Saft mehr durch. Nur ausreichend enzymierte Säfte lassen sich problemlos filtrieren.

Absetzen der Trubstoffe nach einer Klärschönung

Siruperstellung

Die Verarbeitung von Fruchtsäften zu Dicksäften ist bei uns ein altes Einkochverfahren. Nicht nur heimische Früchte werden auf diese Art zu haltbarem Saft verarbeitet, sondern auch Kräuterextrakte werden so hergestellt.

Sirup

> Unter Sirup versteht man ziemlich süße, zähflüssige, farbintensive und sehr aromatische Getränke, die meistens verdünnt zu konsumieren sind.

Pur nimmt man Sirup als Hausmittel bei Verkühlungen ein oder verwendet ihn zum Süßen verschiedener Süßspeisen oder für Mixgetränke.

Rein rechtlich muss Fruchtsirup einen Zuckeranteil von mehr als 55 % aufweisen. Bei einem üblichen Verdünnungsverhältnis von 1 : 6 bedeutet das, dass auf 1 Teil Sirup 6 Teile Wasser kommen. Die Inhaltsstoffe aus dem einen Teil Sirup werden dadurch auf insgesamt sieben Teile aufgeteilt (6 Teile Wasser + 1 Teil Sirup), so dass sich der Zucker- und Säuregehalt dadurch auf ein Siebentel reduziert.

Bei 55 % Trockensubstanz und einem Verdünnungsverhältnis von 1 : 6 entsteht daraus ein Getränk mit einem Zuckergehalt von etwa 8–10 %. Da der Zuckergehalt bestimmend für das Verdünnungsverhältnis ist, wird der für den Eigenverbrauch weniger stark gezuckerte Sirup eben nicht so stark verdünnt.

Im Rezeptteil finden sich für jeden Verwendungszweck entsprechende Rezepte.

Je nach Zuckergehalt wird Sirup mehr oder weniger stark verdünnt

Schema der Sirup-
herstellung

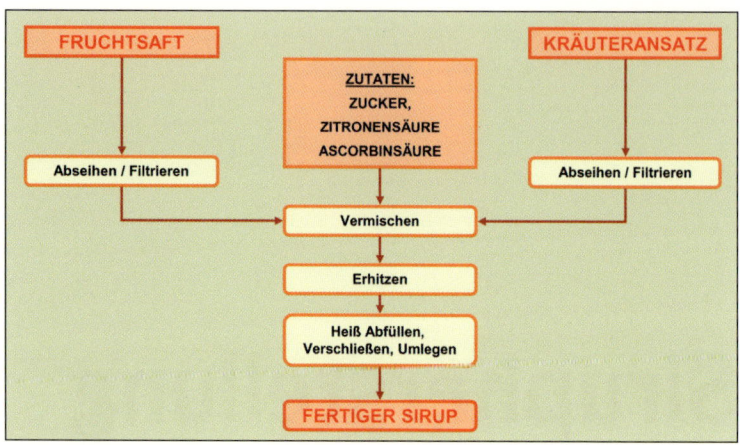

Kräuter- oder Blütensirup

Geeignete Kräuter und Blüten

Kräuter- und Blütensirup weisen in der Herstellung große Ähnlichkeit auf. Beides sind wässrige Auszüge aus der geschmacksgebenden Komponente, die, gezuckert und mit Säure versehen, abgefüllt werden.

An sich sind alle genießbaren Kräuter oder Blüten zur Sirupherstellung geeignet. Manche geben mehr und andere weniger Geschmacksstoffe ab. Zum Trinken ist vor allem der Sirup geeignet, dessen Ausgangsstoffe einen intensiven, lieblichen Duft aufweisen. Zum Verfeinern von Speisen oder Desserts eignet sich wiederum ein Kräutersirup, der als solcher nicht unbedingt gut zu trinken ist, und zu guter Letzt findet sich mancher Sirup als Hausmittel für diverse Wehwehchen.

Besonders gut zu trinken sind Holunderblütensirup und Sirup aus Melissen und Minzen. Zum Verfeinern von Speisen kann man Sirup aus Waldmeister oder Ingwer verwenden, und als „Medizin" dient Sirup aus Feigen oder Rettich.

Ein kleiner Kräutergarten liefert verschiedenste
Kräuter zur Sirupherstellung

Ansatzgefäße

Zum Ansetzen von Kräutersirup eignen sich besonders gut Behälter aus Glas, Kunststoff oder Edelstahl. Wichtig ist, dass die Gefäße gut zu reinigen sowie leicht befüll- und entleerbar sind. Deshalb sind solche Gebinde zu empfehlen, die eine große Einfüllöffnung haben. Ein dichter Verschluss verhindert, dass Ameisen oder Mücken den Ansatz heimsuchen.

Zuckerzusatz

Unterschiede in den Rezepten ergeben sich vor allem durch den Zeitpunkt der Zuckerzugabe und ob der Auszug heiß oder kalt erfolgt. Diese Frage kann nicht allgemein gültig beantwortet werden. Persönlich tendiere ich eher zum kalten Aufguss, da dieser bei feinen Aromen sicherlich der schonendere ist. Bei empfindlichen Blüten, wie beispielsweise denen der Robinie („Akazie"), wird fast das ganze Aroma durch einen heißen Aufguss zerstört.

Edelstahlkannen eignen sich sehr gut zum Ansetzen eines Sirups

Andere Ausgangsstoffe, wie zum Beispiel Löwenzahnblüten, gießt man nicht nur heiß auf, sondern kocht die Blüten sogar im Wasser. Wenig Einfluss hat die Temperatur des Wassers bei Holunder- oder Traubenkirschblüten, aber auch bei Minze oder Melisse spielt sie kaum eine Rolle.

Zucker und Kräuter gleichzeitig ansetzen

Dies ist die einfachste Art des Ansatzes. Die gesammelten Kräuter werden im Ansatzbehälter mit Wasser (egal ob heiß oder kalt) übergossen. Der Zuckerzusatz erfolgt entsprechend der errechneten und aufgegossenen Wassermenge. Große Zuckermengen lösen sich nur schlecht im Wasser auf. Um den Zucker dennoch vollständig in Lösung zu bringen, muss nach dem Ansetzen immer wieder umgerührt werden.

Sobald der Zucker vollständig aufgelöst ist, kann man den Ansatz einige Tage stehen lassen. Nach 2–3 Tagen ist in der Regel das Aroma vollständig gelöst.

Lässt man die Ansätze länger stehen, kommt es zu unerwünschten Oxydationen. Um dies zu vermeiden, gießen Sie den Sirup am besten durch ein Sieb, da er sich wegen des hohen Zuckergehaltes nicht mehr so leicht filtrieren lässt. Anschließend erhitzen und heiß abfüllen.

Die gesamte Zuckermenge (schon beim Ansatz dabei) löst sich schlecht auf

Kräuter nur mit Wasser ansetzen

Die Kräuter nur mit Wasser anzusetzen und erst nach dem Abtrennen zu zuckern, ist nicht unbedingt empfehlenswert. Erstens ist Zucker ein wichtiger Aromaträger und ungezuckerte Auszüge schmecken selten so intensiv wie die gezuckerten. Zweitens fehlt dem Ansatz die Schutzwirkung des Zuckers, so dass er rascher zu verderben beginnt. Allerdings kann man diesen Auszug noch leicht durch einen Filter gießen und anschließend beim Erhitzen vor der Heißfüllung die gesamte Zuckermenge auflösen.

Der Zeitpunkt der Zucker-zugabe beeinflusst Aroma-intensität und Filtrierbarkeit

Kräuter mit einem Teil des Zuckers ansetzen

Diese Methode hat sich im Laufe der Zeit zu meiner Lieblingsmethode entwickelt. Mit dem Wasser setze ich schon einen Teil des Zuckers – meistens die Hälfte der errechneten Menge – zu. Das reicht aus, um zumindest 3 Tage keine Gärung im Ansatz zu erreichen und gleichzeitig auch ausreichend Aroma aufzunehmen.

Danach seihe ich den Ansatz ab. Das kann mit einem Mulltuch oder einem Geschirrtuch geschehen. Wer mag, kann diesen grob filtrierten Ansatz auch noch durch einen weiteren Filter gießen (z. B. kann man Kaffeefilter verwenden). Anschließend in einem Topf die restliche Menge Zucker zusetzen und während des Erwärmens den Zucker auflösen.

Abb. 1: Die Blätter abzupfen und im Ansatzgefäß vorbereiten
Abb. 2: Zucker und Zitronensäure zu den Blättern geben
Abb. 3: Mit Wasser überziehen, täglich umrühren
Abb. 4: Bis zu 3 Tage stehen lassen – anschließend abseihen, erhitzen und abfüllen

Fruchtsirup

Geeignete Obstarten

Zur Herstellung eines Fruchtsirups sind an sich alle Früchte geeignet, die sich entsaften lassen und einen aromaintensiven Saft geben. In erster Linie sind das Beeren wie Himbeeren oder Ribiseln/Johannisbeeren, aber auch Weichseln/Sauerkirschen oder Zwetschken/Pflaumen eignen sich recht gut. Früchte wie Marille/Aprikose oder Pfirsich lassen sich nur schwer entsaften und werden eher zu Fruchtmark und anschließend zu Nektar verarbeitet.

Eigentliche Herstellung

Die eigentliche Herstellung ist recht einfach zu beschreiben. Der Ausgangssaft, wie im Kapitel über Rohsaft beschrieben, wird erwärmt, mit Zucker und Säure nach Rezept vermischt und heiß abgefüllt.

Himbeeren eignen sich sehr gut zur Sirupherstellung

Zuckerzusatz

Erst durch den Zusatz von Zucker wird Fruchtsaft zu Sirup. Da es gilt, einen hohen Trockensubstanzgehalt zu erreichen, haben sich vorwiegend Zuckerarten in Kristallform durchgesetzt, und dabei fast ausschließlich der Rübenzucker, auch Kristallzucker genannt.

Die Frage, ob viel oder wenig Zucker in den Sirup gegeben werden soll, beschäftigt viele Hersteller. Denjenigen, die Sirup vermarkten, hat der Gesetzgeber die Entscheidung abgenommen. Er gibt Mindest- und Höchstgehalt von Zucker vor. Aber auch bei der Verarbeitung für den Eigenbedarf ist das durchaus eine wichtige Frage.

Zucker in Frucht- und Kräutersirup

Bei Fruchtsirup gibt es Hersteller, die den Sirup nur wenig zuckern, um den Fruchtanteil möglichst hoch zu halten und darum nicht so große Mengen Zucker (sondern oft nur 300 g Zucker je Liter Saft) zuzusetzen. Sie erreichen nicht so hohe Trockensubstanzwerte und damit eine nach dem Öffnen eingeschränkte Haltbarkeit. In diesen Verdünnungssäften ist dann aber der Fruchtgehalt noch etwas höher.

Andere Hersteller setzen so viel Zucker zu, dass der Sirup nach dem Öffnen ungekühlt noch gut haltbar ist. Das reicht bis zu 1,5 kg Zucker je Liter Fruchtsaft.

Wenn der Sirup verdünnt wird, um ihn zu trinken, ist dann zwar – unabhängig von der Variante – gleich viel Zucker drinnen, aber der Fruchtgehalt ist im stark gezuckerten sehr gering.

Hoher Zuckergehalt im Fruchtsirup verringert im fertigen Getränk den Fruchtanteil

Beim Kräuter- oder Blütensirup gibt es diesen Fruchtanteil eigentlich nicht. Alles an Zucker und Säure muss diesem zugesetzt werden, denn Blüten und Blätter enthalten weder Zucker noch Säure in merkbarem Ausmaß. Blüten- und Kräutersirup verlieren durch viel Zuckerzusatz lediglich etwas an Intensität. Das kann aber durch mehr Blätter oder Blüten ausgeglichen werden. Sowohl für Blüten- als auch für Kräutersirup ist ein relativ hoher Zuckergehalt empfehlenswert.

Beim Kräutersirup hat der Zuckergehalt keinen Einfluss auf einen „Frucht"gehalt

Den Zucker kann man im kalten oder im warmen Saft/Auszug auflösen.

Warmlöseverfahren

Um die doch recht große Menge Zucker im Saft lösen zu können, wird eine genau bemessene Menge Fruchtsaft (oder Wasser-Kräuter-Auszug) erwärmt. Nach und nach setzt man Zucker in kleinen Mengen zu, und löst ihn unter laufendem Rühren auf.

Für Sirup, der heiß in die Flasche gefüllt wird, ist dieses Verfahren besser, da das Auflösen des Zuckers wesentlich rascher erfolgt als bei einem Kaltlöseverfahren. Die Pasteurisation ist für Sirup zwar nicht zwingend notwendig, ist aber sehr gut für die Haltbarkeit.

> Das Warmlöseverfahren ist daher für die gängige Heißfüllung das empfehlenswerte Verfahren.

Für das Warmlöseverfahren sind möglichst flache Kochkessel bzw. -töpfe mit breitem Boden zu nehmen, da diese eine rasche Wärmeübertragung ermöglichen und somit Aromaverluste verringert werden. Die optimalen Safttemperaturen zum raschen Auflösen des Zuckers liegen zwischen 40 und 60 °C. Kurz vor der Füllung wird der Sirup rasch auf mindestens 80 °C erhitzt oder sogar kurz aufgekocht und anschließend heiß abgefüllt.

Zum Abfüllen erhitzt man den Sirup auf etwa 80 °C

Die Fruchtsaft-Zucker-Mischung wird vor einer Heißfüllung so lange unter ständigem Rühren erhitzt, bis der Zucker spätestens bei Erreichen des Siedepunktes komplett aufgelöst ist. Mit einem Schaumlöffel entfernt man eventuell entstandenen Schaum und füllt den Sirup noch heiß in die vorbereiteten Flaschen ab.

Produkte mit sehr hohem Zuckergehalt werden meistens kurz aufgekocht. Die dabei stattfindende starke Inversion (= Aufspaltung) des Zuckers verhindert eine spätere Kristallisation im Fertigprodukt bei kalter Lagerung.

Nach der Heißfüllung sollen die Sirupflaschen für kurze Zeit umgelegt, um auch den Deckel zu pasteurisieren, und anschließend möglichst rasch wieder rückgekühlt werden, um Aroma und Farbverluste zu verhindern.

Kaltlöseverfahren

Da bei diesem Verfahren der Sirup nicht erhitzt wird, sind diese Produkte hinsichtlich der Fruchtigkeit meistens qualitativ höher einzustufen. Zum Auflösen des Zuckers benötigt man bei diesem Verfahren ein Gefäß mit einer Rühreinrichtung. Dafür eignen sich – je nach Menge – Geräte von der Küchenmaschine bis zum Rührtank. Der genau bestimmten Menge Fruchtsaft wird die errechnete Menge Zucker nach und nach zugesetzt. Je mehr Zucker bereits aufgelöst ist, umso langsamer verläuft das weitere Auflösen.

Um die erforderlichen 55 % Trockensubstanz zu erreichen, ist langes Rühren erforderlich. Langsame Rührwerke sind zu bevorzugen. Der Einsatz eines schnell laufenden Rührwerkes beschleunigt zwar das Auflösen, bringt aber auch einen sehr großen Sauerstoffeintrag mit sich, so dass die feinen Luftbläschen den Sirup anfangs trüb erscheinen lassen und nur sehr langsam aufsteigen.

Spätestens wenn sich an der Oberfläche die Blüten oder Blätter braun zu färben beginnen, muss der Ansatz abgeseiht werden

Kaltlöseverfahren haben wegen der wesentlich schwereren Lösbarkeit des Zuckers gegenüber der Heißfüllung und dem damit verbundenen Heißlöseverfahren deutlich an Bedeutung verloren. Sirup ohne Erhitzung ist zwar bestenfalls um eine Spur fruchtiger, aber seine Haltbarkeit ist dagegen sehr gefährdet.

Säurezusatz

Der Säurezusatz ist notwendig, um trotz des hohen Zuckergehaltes im Sirup nach dem Verdünnen ein harmonisches Getränk zu erhalten. Die meistverwendete Säure ist Zitronensäure, weil sie einfach zu handhaben, ungefährlich und in jedem Kaufhaus erhältlich ist.

Kaltlöseverfahren haben wegen der eingeschränkten Haltbarkeit stark an Bedeutung verloren

> Um den Säuregehalt in einem Liter um ein Gramm anzuheben, ist ein Gramm Zitronensäure notwendig.

Ein Säuregehalt zwischen 25 und 45 g/l im Sirup ergibt nach der üblichen Verdünnungsanleitung von 1 : 6 ein Getränk mit einem Säuregehalt zwischen 4 und 7 g/l, wobei der höhere Wert für die meisten von uns schon extrem sauer ist. Letztlich entscheidet aber der persönliche Geschmack. Im Zweifelsfall wählen Sie einen niedrigeren Säuregehalt, denn nach dem Verdünnen kann man immer noch mit einigen Zitronenscheiben etwas nachhelfen. Mit dem üblichen Trockensubstanzgehalt von 55 % und dem Verdünnungsfaktor 1 : 6 bedeutet das knapp weniger als 8 % Zucker bei einem Säuregehalt von 7 g.

Trotz des hohen Zucker-
gehalts muss dem Sirup
auch Säure zugesetzt
werden, damit er ein harmonisches Getränk ergibt

Da sich beim Verdünnen auch die Säure im gleichen Verhältnis wie der Zucker verdünnt, muss bei Obstarten mit wenig Säure diese auch zugesetzt werden. Ungesäuerter Sirup ergibt ansonsten ein unharmonisch und fad schmeckendes Getränk. Das gilt auch für einige schwach säuerliche Säfte, denen ebenfalls Säure zugesetzt werden muss, um nach dem Verdünnen ein harmonisches Getränk zu erhalten.

Aus Erfahrungswerten leiten sich folgende Säuregehalte für Sirup ab, der 1 : 6 verdünnt getrunken werden soll:

Geschmacksempfinden nach Säuregehalt			
Säuregehalt im Sirup	25 g/l	35 g/l	45 g/l
Ergibt bei einer Verdünnung von 1:6 im fertigen Getränk	3,5 g/l	5 g/l	6,5 g/l
Geschmackseindruck	wenig sauer	durschnittlich sauer	säuerlich

Bei der Erstellung eigener Rezepte ist die im Saft enthaltene Säure mit einzubeziehen. Eine beispielgebende Berechnung dazu finden Sie im Anhang 2.

Auszüge oder Extrakte aus Kräutern und Blüten beinhalten keine natürlichen Säuren. Der für einen harmonischen Geschmack benötigte Säureanteil muss zur Gänze zugesetzt werden. Die letztendlich verwendete Menge an Zutaten ist vom Rohsaft abhängig. Vorproben sind wie immer empfehlenswert.

Der Zeitpunkt des Säurezusatzes spielt keine wichtige Rolle. Die Säure kann bereits beim Ansetzen der Kräuter oder erst im Zuge des Aufzuckerns zugesetzt werden. Nach dem Einfüllen der kristallinen Säure muss diese gleich wie Zucker durch Umrühren aufgelöst werden.

Abfüllen von Sirup

Sirup wird vorwiegend heiß bei Temperaturen zwischen 75 und 80 °C in Flaschen mit Schraubverschluss oder Kronenkorken abgefüllt. Nach dem Füllen wird die Flasche möglichst rasch verschlossen (gleich wie bei Saftflaschen) und umgelegt, damit der heiße Saft auch die am Verschluss anhaftenden Keime inaktiviert.

Ein aufwändiges Keimfreimachen der Flaschen vor dem Füllen ist daher ebenso nicht mehr notwendig wie das Abkochen des Verschlusses.

In vielen älteren Ratgebern wird ein Vorwärmen der Flaschen empfohlen. Mit den neuen Flaschen ist das ebenfalls nicht mehr notwendig, da sie von Material und Glasstärke her so ausgelegt sind, dass sie auch beim Heißfüllen nicht springen.

Für Füllungen größerer Mengen haben sich Vakuumfüller bewährt, da der Sirup zu zähflüssig für herkömmliche Fallstromfüller ist.

> Heiß abgefüllter Sirup ist bei richtiger Herstellung mit Sicherheit haltbar und beginnt in der verschlossenen Flasche weder zu schimmeln noch zu gären. Kaltfüllungen sind zwar die aromaschonendere Variante, doch die Sicherstellung der Haltbarkeit hat eindeutig Vorrang.

Sirup muss nach dem Abfüllen umgelegt werden, damit auch die Kapsel keimfrei wird

Wie macht's der industrielle Betrieb?

Vielen der industriell hergestellten Fruchtsirupe muss mit Farb- und Aromastoffen nachgeholfen werden, damit sie den typischen Geruch und Geschmack aufweisen. Auch die meisten der allseits bekannten Orangeaden und Zitronaden enthalten nur einen geringen Fruchtanteil, und der Rest besteht aus Farb- und Aromastoffen. Einige der Großbetriebe verzichten auf derartige Zusätze und arbeiten nach den gleichen Prinzipien, wie man sie auch im Haushalt anwendet, nur in größeren Dimensionen. Aufschluss darüber verleiht das Etikett auf der Flasche.

Die Basis für Fruchtsirup ist geklärter Fruchtsaft. Gleich wie bei der Herstellung von Fruchtnektar verwenden viele der großen Betriebe anstelle des frischen Saftes selbst hergestelltes oder zugekauftes Fruchtsaftkonzentrat. Herstellung und Eigenschaften von diesem Konzentrat sind im Kapitel über die industrielle Nektarherstellung näher beschrieben.

Bei der Sirupherstellung zeigt sich ein Vorteil des Konzentrats. Während im Kleinbetrieb ein hoher Trockensubstanzgehalt nur durch den Zusatz von kristallinem Zucker erreicht werden kann, ist es dem großen, qualitätsorientierten Betrieb möglich, durch technischen Entzug von Wasser den Trockensubstanzgehalt im Fruchtsaft so weit zu erhöhen, dass nur mehr wenig Zucker zugesetzt werden muss, um den erforderlichen Wert zu erreichen.

Kräutersirup wird entweder tatsächlich durch Ansatz von Kräutern oder Blüten gewonnen oder aber lediglich durch den Zusatz von Aromen zum Zuckersirup. Hier gibt das Etikett auf der Sirupflasche wertvolle Hinweise, wie dieser hergestellt wurde.

Qualitätsorientierte Großbetriebe machen sich die Technik für qualitativ hochwertigen Sirup zunutze

Nektarherstellung

Nektar

Bereits aus Geschichten der Antike kennen wir den Begriff „Nektar", der als das „Getränk der Götter" gepriesen wurde. Ob damit auch tatsächlich das Getränk gemeint war, das wir heute als Nektar bezeichnen, bleibt dahingestellt. Tatsache ist, dass Fruchtnektar heute beliebt ist wie noch nie. Sowohl Produktvielfalt als auch Absatzmengen sind in den letzten Jahren stark gestiegen.

Viele der Getränke, die wir heute als „Saft" im Handel beziehen, sind, genau betrachtet, ein „Nektar". Denken Sie nur an Birnensaft, Pfirsichsaft, Traubensaft oder Ribisel-/Johannisbeersaft: als Saft finden wir sie nur

FRÜCHTE

FRUCHTSAFT

Schälen, Entkernen, o.ä.

Blanchieren / Pürieren

ZUTATEN:
WASSER,
ZUCKER,
ZITRONENSÄURE
ASCORBINSÄURE

FRUCHTMARK

Vermischen

Vermischen

Abseihen / Filtrieren

Erhitzen

Fein Aufmixen

Heiß Abfüllen,
Verschließen, Umlegen

FERTIGER NEKTAR

*Schema der Nektar-
herstellung*

ganz selten im Regal, als Nektar sind sie aber sehr weit verbreitet. Wie kommt es also, dass einige Früchte nur in Form eines Nektars genossen werden können und andere, so wie der Apfel, fast ausschließlich als Saft unseren Durst löschen?

Säfte aus sauren Früchten

So mancher Frucht muss nachgeholfen werden, um daraus ein schmackhaftes Getränk herstellen zu können. Säfte aus sauren Früchten (wie zum Beispiel aus Ribiseln/Johannisbeeren, Heidelbeeren oder Weichseln/Sauerkirschen) weisen von Natur aus einen zu hohen Säuregehalt für den direkten Genuss auf. Sie müssen verdünnt und mit Wasser und Zucker trinkfertig gemacht werden. Das Fruchtmark oder der Saft aus diesen Früchten wird daher mit Wasser und Zucker gemischt, um es trinkfertig zu machen. Dieses Getränk bezeichnet man als „Nektar". Im Gegensatz dazu darf „Fruchtsaft" nicht mit Wasser oder Zucker versetzt werden, da sein Fruchtanteil 100 % betragen muss.

Andere Früchte, wie Marillen/Aprikosen, Birnen oder Pfirsiche, lassen sich nur schwer entsaften. Bei ihnen gelangt daher das gesamte Fruchtfleisch zur Verarbeitung, ohne Verdünnung wäre das Mark nicht trinkfertig.

Säfte aus sauren oder schwer zu entsaftenden Früchten werden zu Nektar verarbeitet

Was wird nun als Nektar bezeichnet?

Früher verstand man unter „Nektar" ein Getränk, bei dem der gesamte essbare Anteil enthalten sein musste. Diese Produkte waren somit ausschließlich fruchtfleischhaltig. Nach aktueller Definition kann Nektar durchaus auch klar sein. Ribisel-/Johannisbeer-, Trauben- oder Weichsel-/Sauerkirschennektar beispielsweise kommen fast ausschließlich in Form von verdünntem klaren Saft in den Handel.

> Nektar muss demnach nicht fruchtfleischhaltig sein, sondern kann auch blank sein.

Intensiver oder stark gesüßter Nektar ist nicht immer für den „puren Genuss" geeignet, verdünnt ist er dann aber „Genuss pur".

Je nach Fruchtart sind im „Fruchtnektar" zwischen 25 und 50 % Mindestfruchtanteil vorgeschrieben. Gezielter Wasserzusatz mindert beim klassischen Nektar die Qualität des Endproduktes nicht, sondern ist notwendig, um ein trinkfertiges Produkt zu erhalten.

Marillen werden zu fruchtfleischhaltigem Nektar verarbeitet

Geeignete Obstarten

In den ersten Kapiteln wurden bereits einige Obstarten erwähnt, die zur Nektarherstellung verwendet werden können. Entscheidend ist das Aroma bzw. das Aussehen. Aroma- oder farbintensive Früchte eignen sich eigentlich alle recht gut. Aus jenen Obstarten, die sich nur schwer entsaften lassen, lassen sich meistens hervorragende fruchtfleischhaltige Produkte gewinnen.

Blank	Fruchtfleischhaltig
Heidelbeere	Birne
Himbeere	Erdbeere
Ribisel/Johannisbeere	Himbeere
Weichsel/Sauerkirsche	Marille/Aprikose
Weintraube	Pfirsich

Der saure Saft von Sauer-kirschen eignet sich gut für blanken Nektar

Auswahl der Früchte

Die Auswahl der Früchte ist trotz Verdünnen und Zuckern von größter Bedeutung. Nur vollreife Früchte bringen ausreichend viel Aroma mit.

Kernobst

Vom Kernobst verarbeitet man hauptsächlich Birnen zu Nektar. Sie sollten hochreif und innen noch hell und saftig sein. Unreife Birnen führen zu einem eher neutralen Produkt. Teigige, überreife Birnen sollen dagegen nicht mehr verarbeitet werden. Letztere sind oft schon hochfärbig und haben einen dumpfen Geruch und Geschmack.

Steinobst

Bei Steinobst ist der richtige Verarbeitungszeitpunkt dann erreicht, wenn die Früchte bereits stark aufgeweicht sind, aber noch nicht dumpf oder faulig schmecken. Aus unreifen Marillen/Aprikosen beispielsweise lässt sich kein leuchtend orangefarbener, vollfruchtiger Nektar herstellen. Die Schwierigkeit ist es, ausreichend Früchte mit einheitlichem Reifegrad vorrätig zu haben.

Beerenobst

Beerenobst wird mit nur wenigen Ausnahmen entsaftet und dann eher zu blankem, sehr farbintensivem Nektar verarbeitet. Ausgenommen davon ist die Erdbeere, eventuell noch Himbeere und Brombeere. Aus ihnen lassen sich auch aromatische, fruchtfleischhaltige Getränke herstellen. Allerdings ist es mit den im Haushalt verfügbaren, eher einfachen Geräten fast nicht möglich, aus diesen Früchten einen stabilen fruchtfleischhaltigen Nektar herzustellen. Häufig kommt es zum Aufschwimmen oder teilweisen Klarwerden vom Fruchtfleisch.

Klarer Nektar

Klaren oder auch „blanken" Nektar stellt man aus einigermaßen geklärtem Saft her. Einigermaßen deshalb, da sich im Haushalt im Normalfall niemand an einer Trübung stößt. Die Trübung sollte allerdings nicht zu stark sein, was mit recht einfachen Mitteln auch erreicht werden kann.

Früchte, wie Ribiseln/Johannisbeeren, Weintrauben oder Weichseln/Sauerkirschen, kann man recht leicht entsaften und aus dem Saft einen blanken Nektar herstellen. Fast alle kennen wir diese Produkte, sprechen sie aber meistens als „Saft" an, obwohl es sich um Nektar handelt. Ihre Gewinnung verläuft prinzipiell gleich wie die von blanken Fruchtsäften, während der Zucker- und Säurezusatz gleich hoch ist wie bei fruchtfleischhaltigem Nektar.

Großer Wert ist auf die Farbintensität des Rohsaftes zu legen. Sie ist entscheidend für die Farbe im Nektar, da wir uns auch nach dem Verdünnen ein farbintensives Getränk wünschen.

Viele als „Saft" angesprochene Getränke sind eigentlich Nektar

Fruchtfleischhaltiger Nektar

Früchte wie Marille/Aprikose, Pfirsich oder Birne lassen sich schwer entsaften. Die meisten Versuche, aus diesen Früchten zuerst Saft und daraus dann einen Nektar zu gewinnen, schlagen fehl. Aus ihnen macht man daher eher einen fruchtfleischhaltigen Nektar. Die notwendigen Geräte, um fruchtfleischhaltigen Nektar perfekt herzustellen, sind allerdings sehr teuer und finden sich meistens nur bei Betrieben mit großen Herstellungsmengen.

Mit einfachen Mitteln kann man schon Fruchtmark oder Fruchtmus herstellen, welches dann mit Wasser verdünnt und mit Zucker trinkfertig gemacht und abgefüllt wird. Dabei trennen sich Fruchtfleisch und Wasser aber recht häufig nach dem Abfüllen in die Flasche. Man kann zwar die Flaschen aufschütteln, aber auch im Glas trennen sich Trub und klarer Anteil wieder recht rasch.

Am ehesten funktioniert es, wenn man die ungenießbaren Teile der Früchte (Kern, Stiel und Ähnliches) entfernt, die Früchte grob zerkleinert und auf etwa 80 °C erhitzt. Bei kleinen Früchten ist es leichter, diese erst zu erhitzen und dann zu passieren.

Ist die Fruchtmasse anschließend noch zu wenig fein, dann zerkleinert man die Fruchtteilchen am besten mit einem Stabmixer oder einem Mixer mit Saftaufsatz. Dabei muss man darauf achten, dass man nicht

Eine Passiermaschine erleichtert die Herstellung von fruchtfleischhaltigem Nektar enorm

zu viel Luft in die Fruchtzubereitung bringt. Sie würde zum Aufschwimmen von Fruchtteilchen in der fertigen Flasche führen. Schmale und hohe Gefäße eignen sich daher besser zum Pürieren als breite und flache, weil die Fruchtmasse darin schneller heiß wird.

Ohne die entsprechenden Geräte ist marktfähiger, fruchtfleischhaltiger Nektar nur schwer herzustellen

Zutaten für die Nektarherstellung

Wasser
Mit Wasser wird zu süßer oder zu saurer Ausgangssaft oder Fruchtmark verdünnt. Dazu darf man ausschließlich Trinkwasser verwenden. Der Anteil richtet sich entweder nach dem Rezept oder nach der Berechnung.

Zucker
Meistens verwendet man beim Nektar normalen Kristallzucker. Dieser ist, abgesehen von dem süßen Geschmack, komplett geschmacksneutral. Selbstverständlich könnte man auch andere Zuckerformen, wie Fruchtzucker oder Rohrzucker u. a., verwenden. Andere gelbliche oder braune Zuckerarten machen die Fruchtfarbe allerdings von Anfang an stumpf und werden daher nicht verwendet, außerdem sind sie meistens deutlich teurer.

Zucker verleiht dem Nektar Fülle und intensiviert den Geschmack. Gleich wie beim Wasser richtet sich die zugesetzte Menge nach dem Rezept oder der Berechnung. Bei der Berechnung des Zuckerzusatzes ist zu beachten, dass 1 kg Zucker nach dem Auflösen nicht mehr das Volumen von einem Liter einnimmt, sondern nur mehr von 0,6 Litern.

Zitronensäure oder -saft als Säuerungsmittel

Wie man aus der Tabelle auf Seite 65 ersehen kann, liegt der Zuckerzusatz bei etwa 10 % vom Fertigprodukt. Bei süßen Früchten mit hohem Fruchtanteil vielleicht etwas tiefer, bei Früchten mit wenig Zucker und niedrigem Fruchtanteil etwas höher.

Säure
Säuren verleihen den eher süßen Getränken eine bekömmliche Frische, ohne Säurezusatz schmecken sie eher fad. Die am häufigsten verwendete Säure ist kristalline Zitronensäure. Zitronensaft als Ersatz zur Säure ist nur in ganz geringen Zusatzmengen sinnvoll.

Einem Liter Zitronensaft entsprechen etwa 50 g Säure. Wollen Sie etwa 2 g/l Säure zusetzen, so benötigt man dafür 2/50 = 0,04 l, das sind 4 cl Zitronensaft.

Bei säurearmen Früchten wie Birnen oder Pfirsichen hat sich ein Säurezusatz von 3 g/l Fertigprodukt be-

währt. Bei Obstarten mit säurereicheren Früchten setzt man eben entsprechend weniger bis gar keine Säure zu.

> ### Achtung:
> **Zitronensaft ist sehr geruchs- und geschmacksintensiv, größere zugesetzte Mengen kann man riechen und schmecken und stören die Fruchtaromen im fertigen Produkt.**

Ascorbinsäure

Schon in sehr geringen Mengen verhindert Ascorbinsäure Bräunungen im Getränk. Ihr Zusatz ist vorwiegend bei fruchtfleischhaltigen Produkten sinnvoll, die zum Braunfärben neigen. Dazu zählen Pfirsich, Marille/Aprikose, Zwetschke/Pflaume, Birne und Erdbeere.

Die Ascorbinsäure entspricht zwar dem Vitamin C, darf aber nicht mit diesem Namen in die Zutatenliste geschrieben werden

Die üblicherweise verwendeten Mengen liegen zwischen 0,2 und 0,5 g/l. So kleine Mengen lassen sich nur schwer dosieren. Ein gestrichener Mokkalöffel entspricht etwa 1 g. Wenn man zu viel zusetzt, ist das aber auch kein Problem, da sie nicht schädlich ist.

Bei Früchten, die schon während des Verarbeitens zum Braunfärben neigen, kann Ascorbinsäure sofort nach dem Pürieren bzw. dem Feinzerkleinern zugesetzt werden. Bei anderen Früchten reicht es aus, wenn sie erst kurz vor dem Füllen zugesetzt wird.

Man erhält Ascorbinsäure in Apotheken oder Reformhäusern, manchmal auch unter dem Begriff Vitamin C. Bei der Saftherstellung steht allerdings die Farberhaltung im Vordergrund, die gesunde Wirkung der Vitamine ist hier von untergeordneter Bedeutung, da gerade Vitamin C durch das Erhitzen viel von seiner Wirkung verliert.

> Der gezielte Zusatz von Wasser, Zucker und Zitronensäure führt bei manchem Fruchtsaft oder -mark nicht zu einer Qualitätsminderung, sondern ist ein notwendiger Schritt, um einen harmonischen Nektar zu erzielen.

Welche Gehalte sind anzustreben?

Bei Nektar versucht man, einen Zuckergehalt zwischen 10 und 16 % zu erreichen. Je nachdem, ob dieser pur oder verdünnt konsumiert werden soll, vermehrt oder verringert man den Zuckerzusatz.

In engem Zusammenhang mit dem Zuckergehalt steht der Säuregehalt. Um ein harmonisches und wohlschmeckendes Getränk zu erreichen müssen Zucker- und Säuregehalt in einem bestimmten Verhältnis zueinander stehen. Viel Zucker verlangt gleichzeitig auch viel Säure und umgekehrt. Praktisch liegt der Säuregehalt im Nektar zwischen 4 g/l bei wenig süßen Produkten oder höchstens 10 g/l bei sehr hohen Zuckergehalten. Das erklärt z. B. auch den geringen Fruchtgehalt im Ribisel-/Johannisbeernektar. Der natürliche Säuregehalt von etwa 30 g/l in diesem Saft kann nur durch starkes Verdünnen auf etwa 8 g/l gesenkt werden.

Die folgende Tabelle zeigt gebräuchliche Fruchtgehalte und die daraus resultierende ungefähre Zusammensetzung vom Nektar, errechnet mit durchschnittlichen Zuckergehalten:

Obstart	Zusammensetzung vom fertigen Nektar				
	Fruchtanteil	Wasser	Zucker	Zitronensäure	Ascorbinsäure
Fruchtfleischhaltig Birne	50 %	etwa 40 %	etwa 10 %	3 g/l	0,3 g/l
Marille/Aprikose	40 %	etwa 50 %	etwa 10 %	je nach Frucht 0–3 g/l	0,3 g/l
Pfirsich	45 %	etwa 45 %	etwa 10 %	3 g/l	0,3 g/l
Zwetschke/Pflaume	40 %	etwa 50 %	etwa 10 %	je nach Frucht 0–3 g/l	0,5 g/l
Blank Himbeere	45 %	etwa 45 %	etwa 10 %	eher nicht notwendig	eher nicht notwendig
Ribisel/Johannisbeere	25 %	etwa 60 %	etwa 15 %	nicht nötig	nicht nötig
Weichsel/Sauerkirsche	35 %	etwa 55 %	etwa 10 %	nicht nötig	nicht nötig

Die Menge an zugesetztem Zucker ist bei sämtlichen Obstarten fast gleich, was vor allem durch die Verdünnung des Fruchtzuckergehaltes und aus den nicht allzu großen Unterschieden im Zuckergehalt der Früchte resultiert.

Berechnen der Zutaten
Eine genaue Berechnung für die Nektarherstellung finden Sie im Anhang 2. Hier ein einfaches Berechnungsbeispiel für Birnennektar, wie es für den Eigenbedarf sicher ausreichend ist.

- 5 l Birnenmark reichen bei einem Fruchtanteil von 50 % für (5/0,5 = 10) 10 l Nektar (das entspricht etwa 10 kg).
- Der Zuckerzusatz beträgt 10 % der Menge des Fertigprodukts (10 % von 10 kg = 1), also 1 kg Zucker.
- Der Säurezusatz beträgt 3 g/l Fertigprodukt und daher (3 x 10 = 30) 30 g.
- Ascorbinsäure – wer sie verwenden möchte – (10 l x 0,3 g/l = 3) 3 g.
- Wasser – damit wird das gezuckerte und gesäuerte Fruchtmark auf 10 l aufgefüllt.

Mischen und Abfüllen

Am leichtesten ist es, den Saft oder das Mark in einem Maßbehältnis vorzubereiten. Bei farbempfindlichen Produkten soll jetzt schon die Ascorbinsäure zugesetzt werden. Gleichzeitig löst man in einer geringen Menge Wasser den Zucker und die Zitronensäure auf. Das kann ruhig mit Heißwasser geschehen, damit sich der Zucker leichter auflöst. Diese Zucker-Säure-Lösung vermischt man mit dem Fruchtmark, füllt mit Wasser auf die errechnete Menge auf und erwärmt alles unter gelegentlichem Rühren in einem geeigneten Gebinde.

Bei einer Temperatur von etwa 80 °C füllt man den Nektar dann heiß in die vorbereiteten Flaschen ab, verschließt diese und legt sie für einige Minuten um, so dass der Verschluss mit dem heißen Getränk in Berührung kommt.

Am Beispiel von Birnennektar:

- 5 l Birnenmark in einem Maßbehältnis vorbereiten **(Abb. 1–4)**
- Eventuell jetzt schon die Ascorbinsäure dem Mark zugeben
- Zucker und Zitronensäure in ungefähr 2 Litern Wasser auflösen und unter das Birnenmark mischen
- Mit Wasser auf die errechneten 10 l auffüllen und anschließend erwärmen **(Abb. 5)**
- Kurz bevor die 80 °C erreicht sind, die Ascorbinsäure einrühren (wenn das vorher noch nicht geschehen ist)
- In Flaschen abfüllen **(Abb. 6)**
- Verschließen und umlegen

Wie macht's der industrielle Betrieb?

Wenn Sie heute im Supermarkt einen Nektar kaufen, so wurde dieser im Grunde genommen genau nach den gleichen Verarbeitungsschritten hergestellt wie der selbst gemachte Nektar bei uns zu Hause.

> Die Basis für blanken Nektar ist geklärter Fruchtsaft.

Viele der ganz großen Betriebe verwenden anstelle des frischen Saftes Fruchtsaftkonzentrat. Dieses wird entweder selbst hergestellt oder zugekauft. Um ein solches Konzentrat zu gewinnen, wird dem frisch gepressten Saft mit ganz speziellen Geräten unter Vakuumbedingungen so lange Wasser entzogen, bis der Saft auf etwa ein Sechstel seines Volumens eingedickt ist. Man spricht dann von „Konzentrat", das deutlich dunkler ist als der Saft und eine dickflüssige, sirupartige Konsistenz hat.

Ähnlich wie Sirup oder Honig ist dieses Konzentrat gut haltbar, wird aber kühl gelagert, um Aromaverluste zu verringern. Die Betriebe erreichen damit höhere Lagerkapazitäten, da sie beispielsweise 6.000 l Saft nach dem Wasserentzug in einem 1.000 l Behälter lagern können, um dann durch Rückverdünnen mit Trinkwasser daraus wieder 6.000 l Saft mit 100 Prozent Fruchtanteil herstellen zu können. Außerdem ist es ihnen dadurch möglich, die Abfüllung über einen längeren Zeitraum gleichmäßig zu verteilen oder Jahre mit einer schlechten Obsternte durch Lagerreserven auszugleichen. Um es dem Konsumenten zu ermöglichen, diese Säfte im Handel erkennen zu können, ist der Hinweis „aus Konzentrat" verpflichtend am Etikett eines solchen Saftes oder Nektars anzubringen.

> Konzentrat ist Fruchtsaft, dem man Wasser entzogen hat, was wieder zugesetzt wird, wenn man den Saft braucht

> Fruchtfleischhaltiger Nektar wird aus Fruchtmark hergestellt.

Wie beim Konzentrat stellen manche Betriebe das Fruchtmark selbst her, andere kaufen es zu. Die Herstellung vom Mark im großen Betrieb erfolgt ganz ähnlich wie bei uns in der Küche.

Die angelieferten Früchte werden gereinigt, sortiert und anschließend blanchiert (kurz in kochendem Wasser erhitzen). Mit dem raschen Erhitzen auf mindestens 80 °C verringert man die Anzahl an Mikroorganismen, verlangsamt Bräunungsreaktionen und macht die Frucht weich. Nach dem Blanchieren durchlaufen die Früchte eine Passiermaschine, eine Art sehr großer „Flotte Lotte". Diese trennt Stängel, Hautteile und noch feste Fruchtteile ab und zerkleinert die weichen Fruchtteile zu Fruchtmark. Häufig findet man zweistufige Passieranlagen, mit einer groben ersten Stufe und einer zweiten Maschine mit einem feineren Siebeinsatz beziehungsweise einer Nachputzmaschine, um bei der Steinobstverarbeitung die letzten Fruchtfleischteile von den Steinen zu entfernen. Um Aromaverluste zu vermeiden, ist das Fruchtmark nach dem Passieren mit Hilfe eines Röhrenkühlers abzukühlen.

Apfelnektar darf auch aus verdünntem Konzentrat hergestellt werden

Sowohl Fruchtmark als auch Fruchtsaft werden in eigenen Mischbehältern mit Wasser, Zucker und eventuell Säure versetzt, um sie trinkfertig zu machen, und anschließend entweder in Flaschen oder Kartonverpackungen abgefüllt. Die Haltbarmachung von Nektar erfolgt generell durch Erhitzen, während eine chemische Haltbarmachung nicht gestattet ist.

> Nektar darf nicht chemisch konserviert werden

Qualitätsbestim-
mende Faktoren

„Qualität" – ein häufig gebrauchtes Wort. Seit einigen Jahrzehn-ten diskutiert man über diesen Begriff, aber was sagt er letzt-endlich aus? Viele Definitionen sind genauso unterschiedlich wie ihre Herkunft.

Als Produzent von Sirup und Nektar definiere ich Qualität mit dem Er-füllen folgender Kriterien:

- Aussehen
- Intensität von Geruch und Geschmack
- Haltbarkeit
- Reproduzierbarkeit
- Erfüllen der gesetzlichen Auflagen

Aussehen

Farbe

Von Sirup oder Nektar erwartet man sich eine arttypische und intensive Ausfärbung. Intensive Farben werden häufig mit hoher Qualität gleich-gesetzt. Sobald Sie sich selbst mit dem Einkochen beschäftigen, werden Sie feststellen, dass es bei manchen farbenfrohen Früchten gar nicht so leicht ist, die Farbe der Frucht in einen Sirup überzuführen und dort über mehrere Monate hindurch zu erhalten. Sofern keine farbgebenden Zu-sätze erfolgen, ist die Auswahl der Früchte für die Farbe des Fertigproduktes von sehr großer Bedeutung. Farbintensive Früchte eignen sich besonders gut zur Herstellung von Fruchtnektar oder -sirup.

Bei Blüten und Kräutersirup ist es dagegen noch schwieriger, eine intensive Farbe zu erhalten. Kalt angesetzte Blüten oder Kräuter färben sich bestenfalls leicht gelblich, pürierte Pflanzenteile bringen zwar eine grüne Färbung, die fein gemahlenen Blätter lassen sich aber fast nicht abseihen und bringen im fertigen Sirup einen grünen Rand an der Oberfläche.

Mögliches Farbenspiel bei Kräutersirup

Farbstabilität

Viele rote Farbstoffe sind bei tieferem pH-Wert heller und stabiler. Ein Zusatz von Zitronensäure senkt den pH-Wert ab und bewirkt dadurch meistens eine leichte Aufhellung der Farbe. Bei roten, nicht sauren Früchten ist es daher sinnvoll, Zitronensaft oder -säure zuzusetzen.

> Neben dem Säuregehalt (pH-Wert) wirkt sich auch der Zuckergehalt auf die Farbstabilität aus.

Bei heiß abgefülltem roten Fruchtsirup Ascorbinsäure erst kurz vor dem Abfüllen zusetzen

Ein hoher Zuckergehalt wirkt sich stabilisierend auf die Farbe aus. Je mehr Zucker in einem Sirup enthalten ist, umso langsamer finden viele Bräunungsreaktionen statt. Die Auswirkung vom Zuckergehalt auf die Fruchtigkeit im Geschmack wird im nächsten Kapitel behandelt.

Ein Zusatz von Ascorbinsäure zur Verhinderung von Bräunungen bringt nur bei rotfarbigen Produkten etwas. Bräunungen von Blüten- oder Kräutersirupen kann sie nicht verhindern. Wesentlich für die Wirkung von Ascorbinsäure auf die Farbstabilität ist, dass kein Kochprozess nach dem Zusatz mehr stattfindet. Setzen Sie die Ascorbinsäure daher nur bei Sirup zu, der anschließend nicht mehr erhitzt wird. Je länger die Hitzeeinwirkung, desto größer der Verlust an Farbe und Fruchtigkeit. Je kürzer die Kochzeit, desto fruchtiger und frischer in der Farbe ist das Fertigprodukt.

Mitendscheidend für die Farbstabilität von Fruchtsirup ist die lichtgeschützte Lagerung. Flaschen, die unmittelbar dem Licht ausgesetzt sind, verlieren deutlich rascher ihre frische Farbe. Bewahren Sie die Sirup- und Nektarflaschen daher immer in dunklen Lagerräumen oder im Keller auf!

Rosenblütensirup verändert ohne Säurezusatz seine Farbe sehr rasch und wird unansehnlich

Klarheit

Im Haushalt hat man nicht die Möglichkeit zu filtrieren, hier werden leichte Trübungen durchaus toleriert. Mit Hilfe von Mulltüchern, Teesäckchen oder sogar Windeln lassen sich aber auch mit einfachen Mitteln die gröbsten Trübungen entfernen.

Für den Verkauf hergestellter Sirup sollte eigentlich ein klares Produkt sein. Gezuckerte Produkte lassen sich nicht mehr so leicht durch einen Filter drücken. Versuchen Sie daher, Ansätze vor dem Zuckerzusatz zu filtrieren. Der Zucker selbst bringt anschließend keine Trübungen mehr in das Getränk.

> Denken Sie daran: Das Auge isst (trinkt) mit!

Intensität von Geruch und Geschmack

Ein wesentlicher Aspekt für die Intensität eines Sirups oder Nektars sind die ausgewählten Rohstoffe und ihr Anteil im fertigen Produkt. Nur reife und gesunde Früchte oder intensive Kräuter und Blüten bringen ausreichend viele Aromen mit ins Saftglas. Daneben ist für den Geschmack auch die Menge des zugesetzten Zuckers entscheidend.

Beim Nektar ist der Fruchtanteil für die Ausprägung der Fruchtaromen im Fertigprodukt ausschlaggebend. Je höher der Fruchtanteil, umso intensiver wird der Nektar sein. Daher ist ein möglichst hoher Fruchtanteil anzustreben, der durch richtig dosierte Zutatenmengen ein harmonisches Getränk ermöglicht.

Je intensiver Farbe, Geruch und Geschmack des Getränks, umso größer die Freude am Trinken

Zucker bei Frucht- und Kräuter-/Blütensirup

Bei Sirup muss zwischen Fruchtsirup und Kräuter-/Blütensirup unterschieden werden. Bei Fruchtsirup gilt, dass ein sehr hoher Zuckergehalt
(zum Beispiel 60 %) nur mehr für einen geringen Fruchtgehalt (hier
40 %) Platz lässt. Ein niedrigerer Zuckergehalt ermöglicht somit einen höheren Fruchtsaftanteil und damit eine höhere Intensität. Weniger Zucker
produziert aber, wie im entsprechenden Kapitel beschrieben, Schwierigkeiten mit der Haltbarkeit.

Um diese zu gewährleisten, gibt es für Verkäufer auch die Vorschrift von
einem Mindestgehalt an 55 % Trockensubstanz im Sirup. Selbstversorger
können den Zuckergehalt reduzieren, nehmen damit aber Einbußen in der
Haltbarkeit in Kauf. Da aber Haltbarkeit ein zentraler Punkt bei der Herstellung von Sirup – sowohl für den Verkauf als auch für den Eigenbedarf
– darstellt, nimmt man eher einen geringeren Fruchtgehalt in Kauf.

Bei Kräuter- oder Blütensirup kann durch eine Erhöhung der Zuga-
bemenge im Ansatz die Intensität so weit erhöht werden, dass auch bei
einer Verdünnung bis auf einen eher niedrigen Zuckergehalt im fertigen
Getränk der gewollte Geschmack erhalten bleibt.

Umgang mit Gewürzen

Sorgsam sollten sie im Umgang mit Gewürzen sein. Sie sollen den Geschmack im Sirup lediglich unterstreichen und dürfen keinesfalls domi-
nieren. Setzen Sie Gewürze oder sonstige geschmacksgebende Stoffe
nur nach Vorproben zu und notieren Sie diese im Herstellungsprotokoll.

Gewürze sollen niemals in den Vordergrund treten

Sollten Sie mit dem sensorischen Ergebnis nicht zufrieden sein, kann
dieser Fehler bei der nächsten Charge oder im nächsten Jahr vermieden
werden.

Wärmebelastung

Bei vielen Produktionsverfahren erleichtert ein Erhitzungsschritt das Auflösen des Zuckers. Doch je höher die Temperatur, umso größer sind auch
die Verluste an frischer Farbe und an Fruchtigkeit. Umgekehrt ist somit
eine weitestgehende Vermeidung von Hitzeeinwirkung auf den Sirup von
großer Bedeutung für die Erhaltung der möglichen hohen Qualität.

Erhitzen Sie Sirup und Nektar so wenig wie möglich und so viel wie nötig

Am leichtesten ist es, den Sirup zum Auflösen des Zuckers zu erhitzen.
Die meisten Sirupe verlieren durch Erhitzung deutlich an Intensität und
Frische, noch mehr allerdings durch Kochen. Agieren sie daher vorsichtig am Herd, denn „totgekochte" Aromen sind unwiederbringlich verloren.

Auch bei bestmöglicher Verarbeitung können Sie aus einer Frucht nur das herausholen, was in ihr steckt. Im Zuge der Verarbeitung können die Aromen nur verloren gehen, allerdings nicht mehr werden. Die Auswahl bester Rohstoffe ist daher für die höchste Produktqualität eine Notwendigkeit.

Haltbarkeit

Große Bedeutung bei Sirup und Nektar hat die Haltbarkeit. Nicht nur, dass verdorbene Produkte vergebene Mühe darstellen – sie könnten auch gesundheitsschädlich sein.

Mit der Herstellung, die mitunter sehr aufwändig sein kann, verbindet man eine gewisse Erwartungshaltung mit dem Produkt. Man erwartet, dass man es bedenkenlos bis zu einem Jahr lang aufbewahren und konsumieren kann. Ist das nicht möglich, weil Sirup oder Nektar schon vor dem Genuss verdorben sind, so ist man berechtigterweise enttäuscht. Verdorbene Getränke sind ein Zeichen geringer Qualität. Wie man Haltbarkeit problemlos erreichen kann, ist im Kapitel auf Seite 75 ff. näher beschrieben.

Sirup und Nektar sollten mindestens ein Jahr haltbar sein

Qualitätssicherung

An sich soll jedes selbst erzeugte Produkt, das geschmeckt hat, im nächsten Jahr wieder so gelingen (oder vielleicht sogar besser werden). Um das zu gewährleisten, muss man Aufzeichnungen über die Zutaten und die Art der Herstellung führen. Natürlich gibt es zum Einkochen Rezepte, aber einige Abänderungen davon können dem einzelnen Konsumenten höchsten Genuss bringen, und gerade diese Veränderungen des Rezeptes müssen protokolliert werden. Andernfalls sind im nächsten Jahr die Kreationen des Vorjahres bereits Geschichte.

Bei einer Rezeptsammlung wie in einem Buch können Sie diese Änderungen auch direkt beim Rezept anfügen. Hersteller größerer Mengen bevorzugen ein Herstellungsprotokoll, in dem die Einzelheiten der Herstellung festgehalten werden. Für alle Vermarkter des Sirups kann dieses Protokoll in Kombination mit den Vorschriften der Hygieneverordnung geführt werden.

Rezepte niederschreiben oder ein Herstellungsprotokoll führen

Diese Aufzeichnungen sollen geführt werden,

■ um eine gleichbleibend hohe Qualität der jeweiligen Produkte sichern zu können,

- um die Ursache eines Fehlers eventuell im Nachhinein herausfinden zu können,
- um Richtlinien der Lebensmittelhygieneverordnung nachweislich zu erfüllen,
- um generell der Sorgfaltspflicht gegenüber dem Kunden nachzukommen und
- um bei Beanstandungen den Beweis einer ordnungsgemäßen Produktion mittels lückenloser Dokumentation antreten zu können.

> Qualität bei den Herstellern von Sirup und Nektar bedeutet, dass man ihre Getränke vor Ablauf der Mindesthaltbarkeit bedenkenlos und mit vollem Fruchtgenuss konsumieren kann – also attraktives Aussehen kombiniert mit intensivem Geschmack, und das jedes Jahr.

Haltbarkeit von Sirup und Nektar

Heißfüllung

Zuckergehalt

Chemische Konservierung

Beide Erzeugnisse sind bei richtiger Herstellung an sich über mehrere Jahre haltbar, ohne dass sie komplett verderben. Nur mit jedem Tag bewirken Reaktionen mit Sauerstoff und auch durch Enzyme bedingte Veränderungen der Inhaltsstoffe, dass sich Fruchtigkeit und Farbe verändern. Der Verlust von Farbe und Aroma kann auch durch dunkle und kühle Lagerung nicht ganz verhindert werden.

Vergleichen Sie doch ein Produkt vom Vorjahr mit einem frischen. Obwohl trotz der blassen Farbe und des fahlen Aromas mehrjährig gelagerter Nektar und Sirup getrunken werden können, bevorzugen wir mit Sicherheit einen frischen, farb- und aromaintensiven Nektar oder Sirup.

Frischer Fruchtsaft und Nektar wären ohne Heißfüllung nicht haltbar.

Sie halten im Kühlschrank bestenfalls noch wenige Tage, aber sobald man sie bei Zimmertemperatur lagert, verderben sie innerhalb von ein oder zwei Tagen.

Grundlage für die Haltbarkeit ist die Heißfüllung

Selbst bei Sirup ist die Heißfüllung ein Garant für die Haltbarkeit.

Setzt man den Sirup kalt an und füllt ihn ohne Erhitzen ab, ist die Gefahr des Verderbens sehr hoch.

Vor allem jene Leidenskolleg/Innen, die bereits ihren Vorratsschrank von den durchaus klebrigen Resten einer zersprungenen Sirupflasche (durch Nachgärung des bereits abgefüllten Sirups) gereinigt haben, werden diesem Kapitel große Beachtung schenken.

Ein Verderb durch Mikroorganismen ist bei richtiger Herstellungsweise auch nach monatelanger Lagerung nicht möglich. Sollte doch einmal in einer Flasche ein Schimmelrasen wachsen oder eine Gärung auftreten, so hat man den Nektar oder Sirup entweder zu wenig oder gar nicht erhitzt oder es hat sich sicher ein anderer Fehler bei der Produktion eingeschlichen.

Ewig haltbare Lebensmittel gibt es nicht. Wenn aber die entscheidenden Punkte beachtet und eingehalten werden, lässt sich zumindest vorzeitiges Verderben verhindern. Damit in der Flasche kein Verderb auftritt, helfen zumeist mehrere Umstände mit.

Ohne Erhitzen sind Sirup und Nektar nur chemisch konserviert haltbar

Haltbarkeit durch:

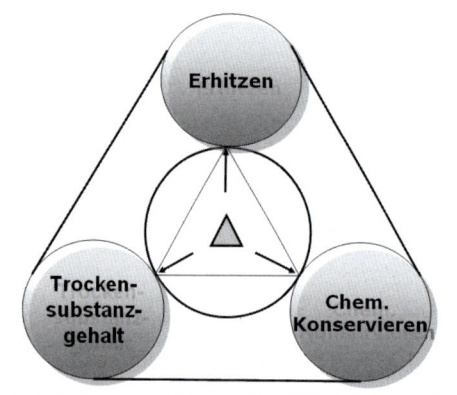

Die Haltbarkeit beruht auf 3 Standbeinen

Heißfüllung

Die Heißfüllung ist die verbreitetste Art des Haltbarmachens von stillen – also nicht kohlensäurehaltigen – Getränken. Sie erfolgt bei Temperaturen deutlich unter 100 °C und gehört damit zu den Verfahren, die als Pasteurisation bezeichnet werden. Durch das Erwärmen werden jene Keime inaktiviert, die später den Verderb verursachen könnten.

Wenn Sie Nektar oder Sirup kalt (bei Zimmertemperatur) in die Flaschen füllen, führen schädliche Keime von der Frucht, von den verwendeten Geräten oder aus den Flaschen rasch zur Gärung oder Schimmelbildung. Beim Heißfüllen kann das nicht so leicht passieren.

Die Heißfüllung

- tötet Mikroorganismen aus dem Getränk ab,
- tötet Mikroorganismen in der Flasche ab und
- inaktiviert Enzyme aus dem Obst.

Sowohl Nektar als auch Sirup werden normalerweise heiß abgefüllt. Zum Haltbarmachen von Nektar ist eine Temperatur von ungefähr 80 °C über etwa 5 Minuten ausreichend. Sirup ist durch den hohen Zuckergehalt zusätzlich gegen Verderb geschützt, trotzdem werden Fülltemperaturen um 80 °C empfohlen.

Zum Messen der Temperatur verwendet man geeignete Thermometer. Ältere Modelle sind noch mit einer Flüssigkeitssäule ausgestattet, neuere verfügen über eine digitale Anzeige. Nach dem Befüllen sind die Flaschen sofort zu verschließen und umzulegen. Damit gelangt der heiße Saft mit dem Verschluss in Berührung und tötet darauf befindliche schädliche Mikroorganismen ab. Geschieht das nicht, können auf der Innenseite des Verschlusses anhaftende Keime den Flascheninhalt verderben.

Nach dem Füllen die verschlossenen Flaschen umlegen

Richtige Temperatur und Heißhaltezeit

Obwohl Mikroorganismen sehr empfindlich auf hohe Temperaturen reagieren, sterben sie nicht plötzlich bei Überschreiten einer bestimmten Temperatur ab. Höhe der Temperatur und Heißhaltezeit bestimmen das Ausmaß der Abtötung. Je höher die Temperatur und je länger diese gehalten wird, umso mehr Mikroorganismen werden inaktiviert.

Man kann es sich sozusagen aussuchen, ob man stundenlang auf Temperaturen im Bereich von 60 °C erhitzt oder für wenige Minuten auf 80 °C. Der Effekt für die Haltbarkeit ist der gleiche. Nur sind der Verlust von Vitaminen und die Verminderung von Frische und Fruchtigkeit bei der lang erhitzten Variante deutlich stärker.

Mit dem Erhitzen auf etwa 80 °C werden auch Enzyme verändert und inaktiviert. Sie würden den Abbau von Farbe und Aroma beschleunigen und bei fruchtfleischhaltigen Produkten zum raschen Absinken der Trubstoffe führen. Sie hätten im fertigen Nektar oder Sirup ohnehin keine qualitätsfördernde oder ernährungsphysiologisch positive Wirkung. Ganz im Gegenteil, die Inaktivierung der Enzyme ist für eine monatelange Haltbarkeit unumgänglich.

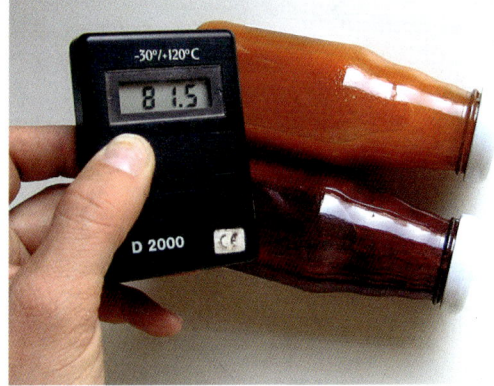

Abfülltemperatur: etwa 80 °C

Flaschen oder Verschlüsse müssen also vor dem Abfüllen weder ausgekocht noch sterilisiert oder sonst in irgendeiner Form keimfrei gemacht werden. Sie müssen nur optisch sauber und frei von Staub sein. Die keimtötende Funktion übernimmt der heiße Saft.

Wesentlich bei der Heißfüllung ist:

- Kurze Zeit auf höhere Temperaturen zu erhitzen, ist besser als lange Zeit auf weniger hohe Temperaturen
- Sirup und Nektar müssen heiß abgefüllt werden
- Die Flaschen sind sofort nach dem Befüllen dicht zu verschließen und umzulegen

Zuckergehalt

Der Zuckergehalt von Lebensmitteln hat großen Einfluss auf deren Haltbarkeit. Nektar oder schwach gezuckerter Fruchtsirup stellen somit einen
sehr guten Nährboden für Mikroorganismen dar. Denn neben Wasser
finden sie in Fruchtsäften auch andere notwendige Nährstoffe wie Säuren, Mineralstoffe oder Eiweiß.

Mikroorganismen benötigen, wie alle Lebewesen, Wasser zum Überleben. Entscheidend ist nicht die Menge an insgesamt vorhandenem,
sondern die Menge an verfügbarem Wasser. Denken Sie nur an den Versuch, mit Meerwasser den Durst stillen zu wollen. Das Wasser ist zwar da,
aber für unseren Körper nicht verfügbar.

> Stoffe wie Salz oder Zucker im Lebensmittel binden Wasser an sich.
> Je mehr Zucker oder Salz im Lebensmittel enthalten ist, umso we-
> niger Wasser ist frei verfügbar.

Honig ist deshalb als sehr zuckerhaltiges Lebensmittel (etwa 80 % Zuckergehalt) auch ohne Erhitzen bei Zimmertemperatur monatelang haltbar.

Mikroorganismen müssen sehr viel Energie aufwenden, um zu Wasser
zu kommen. Bei einem Zuckergehalt von etwa 60 % ist es für Mikroorganismen fast nicht mehr möglich, an das lebensnotwendige Wasser zu
gelangen, somit können sie sich nicht vermehren. Bei allen anderen
Nährstoffen reichen sehr geringe Mengen für die Vermehrung der Keime.
Nicht aber beim Wasser, es ist für alles Leben, also auch für Mikroorganismen, der begrenzende Faktor.

> Je mehr Zucker in einem Lebensmittel enthalten ist, umso besser
> ist es gegen den mikrobiellen Verderb geschützt.

Im Nektar ist allerdings zu wenig Zucker, als dass dieser konservierend
wirken könnte. Anders ist das beim Sirup. Er hat bereits einen so hohen
Zuckergehalt, dass nur noch wenige Mikroorganismen darin überleben
können.

Damit Sirup auch in einer schon aufgemachten Flasche noch einige
Zeit haltbar bleibt, sind vom Gesetzgeber Mindestwerte für den Zuckergehalt vorgeschrieben. Der vorgeschriebene Mindestzuckergehalt für
Obstsirup liegt bei 55 %, der für Kräuter- oder Blütensirup bei 45 %.
Beide Werte sind für eine dauerhafte Haltbarkeit außerhalb des Kühl-
schranks zu wenig. Füllen Sie ihren Sirup daher in eher kleine Flaschen
ab, damit sie ihn austrinken können, bevor er verdirbt.

Ein hoher Zuckergehalt verhindert das Wachstum von
Mikroorganismen im Sirup

Bewahren Sie angebrauchte
Nektar- und Sirupflaschen
im Kühlschrank auf.

Zuckergehalt messen

Zum Bestimmen des Zuckergehalts finden zwei Geräte Verwendung. Beide eignen sich recht gut, um in mehr oder weniger süßen Säften den Zuckergehalt bzw. die Prozent an Trockensubstanz messen zu können. Diese sind letztendlich für die Haltbarkeit ausschlaggebend.

Trockensubstanz – Gesamtzuckergehalt

Als Trockensubstanz bezeichnet man alle Inhaltsstoffe einer Flüssigkeit, die nach Abdampfen des Wassers noch vorhanden sind. Der Großteil davon wird von Zucker und nur in geringerem Umfang von Säuren, Mineralstoffen und anderen Substanzen gebildet. Häufig wird daher der Trockensubstanzgehalt mit dem Gesamtzuckergehalt gleichgesetzt. Ein Aufzuckern von Säften bewirkt eine direkte Erhöhung des Trockensubstanzgehaltes. Als Einheit dafür gilt Brix.

> Der Gehalt an Trockensubstanz mit der Einheit Brix wird häufig mit dem Gesamtzuckergehalt gleichgesetzt

> Ein Brix entspricht 1 % Trockensubstanz (oder 10 g Zucker je kg).

So hat eine Frucht mit 10 % Feststoff- und 90 % Wassergehalt einen Trockensubstanzgehalt von 10 % oder 10 Brix.

Bei der Herstellung von Sirup für den Eigenbedarf ist eine exakte Bestimmung des Trockensubstanzgehaltes nicht notwendig. Wichtig ist es lediglich, diesen Wert in etwa abschätzen und damit einen Rückschluss auf die Haltbarkeit ziehen zu können.

Refraktometer

Wenn Sie mit diesem Gerät messen, müssen wenige Tropfen von möglichst klarem Nektar oder Sirup auf dem Prisma des Refraktometers verstrichen werden. Nach dem Schließen der Prismenklappe schaut man durch das Gerät zu einer Lichtquelle. Im Sichtfeld ist – teilweise im Schatten – eine Skala zu sehen. Auf ihr ist an der Grenze zwischen Licht und Schatten der Gehalt an Trockensubstanz abzulesen.

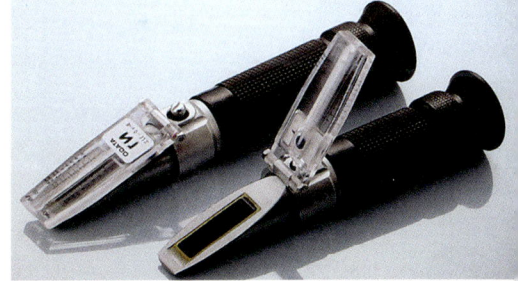

Refraktometer zur Bestimmung des Gesamtzuckergehaltes bzw. des Trockensubstanzgehaltes

Befinden sich Feststoffe (Trubstoffe, Fruchtstücke oder Ähnliches) oder Luftblasen zwischen Deckel und Prisma ist die Licht-Schatten-Grenze nur verschwommen auszumachen. Eine exakte Ablesung ist nur bei einer scharfen Trennlinie möglich. Schwierigkeiten bei der Ablesung bereitet auch sehr dunkler Sirup (z. B. aus Holunderbeeren). Bei diesem braucht es etwas Übung, um einen genauen Wert zu bestimmen.

Der Messbereich ist je nach Gerät unterschiedlich, die Auswahl des Gerätes daher nach dem gewünschten Messbereich zu richten. Üblicherweise verwendet man Refraktometer mit einer Skalierung von 0 bis 45 Brix bei der Nektar- und 45 bis 80 Brix bei der Sirupherstellung.

Die Zuckermessung mit dem Refraktometer erfolgt üblicherweise bei 20 °C. Nahezu alle Refraktometer haben ihre größte Genauigkeit bei dieser Messtemperatur. Mit steigender Temperatur sinkt die Dichte vom Produkt, so dass der Messwert nicht mehr stimmt. Der erfahrene Getränkehersteller misst die Brix daher vor dem Erhitzen oder nach dem Abkühlen.

Extrakt- oder Zuckerspindel

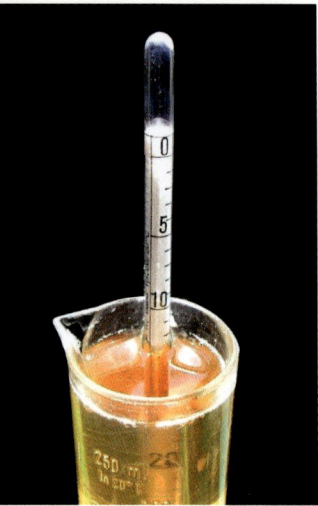

Die Extrakt- oder Zuckerspindel funktioniert nach dem Prinzip der Senkwaagen. Die Dichte der Flüssigkeit ergibt sich aus der Menge der im Wasser gelösten Inhaltsstoffe und bestimmt die Eintauchtiefe des Glaskörpers. Mehr gelöste Stoffe bedeuten höhere Dichte und damit mehr Auftrieb und eine geringere Eintauchtiefe. Mit der Senkwaage wird das spezifische Gewicht einer Flüssigkeit gemessen.

Der Saft soll gut durchmischt, frei von Feststoffen sein und eventuell sogar vorher filtriert werden. Die Messspindeln sind üblicherweise auf eine Probentemperatur von 20 °C geeicht. Abweichungen davon verfälschen den Messwert. Abgelesen wird auf der an der Spindel angebrachten Skala. Nach dem Gebrauch sind daher Spindel und Messgefäß gründlich mit Wasser abzuspülen und zu reinigen.

Richtwerte für den Gesamtzucker

Für den Fruchtsaft gilt hier ein Durchschnittswert von 10 Brix, Kräuter- oder Blütenauszüge enthalten von Natur aus so gut wie keinen Zucker. Solange die heißgefüllten Getränke in der originalverschlossenen Flasche lagern, können sie auch nicht verderben. Die Tabelle gibt Aufschluss über die Haltbarkeit von Sirup bei Zimmertemperatur nach dem Öffnen.

Rezept	Benötigter Zucker	Brix	Haltbarkeit nach dem Öffnen
1 l Fruchtsaft	1,5 kg Zucker	etwa 64	gut haltbar
1 l Kräuter- oder Blütenauszug	1,5 kg Zucker	etwa 60	
1 l Fruchtsaft	1 kg Zucker	etwa 55	bedingt haltbar
1 l Kräuter- oder Blütenauszug	1 kg Zucker	etwa 50	
1 l Fruchtsaft	0,5 kg Zucker	etwa 40	nur kurz haltbar
1 l Kräuter- oder Blütenauszug	0,5 kg Zucker	etwa 33	

Zähflüssige Süßungsmittel bestehen nicht nur aus Trockensubstanz. 1 kg Honig weist etwa einen Zuckergehalt von 80 % auf und kann daher nicht mit 1 kg Zucker gleichgesetzt werden. Gleiches gilt für Ahorn-, Apfel- oder Birnensirup. Das Gemisch aus 1 l Wasser und 1 kg Honig hat demnach nur etwa 40 % Trockensubstanz – zu wenig, um den Anforderungen an einen Sirup zu entsprechen.

Zähflüssige Zuckeraustauschstoffe sind daher nicht gut geeignet, um Sirup herzustellen. Mit ihnen kann der erwünschte Trockensubstanzgehalt nur mit sehr hohen Dosierungen erreicht werden.

Pulverförmige Zuckeraustauschstoffe, wie etwa Sorbit, haben keinen Wasseranteil, so dass 1 kg Sorbit 1 kg Trockensubstanz entspricht. Mit ihnen können zwar die erforderlichen Werte erreicht werden, sie haben aber trotzdem so gut wie keine Bedeutung, da sie schwer zu besorgen und auch zu teuer sind.

Diese Zuckeraustauschstoffe sind trotz ihrer abführenden Wirkung in der Sirupherstellung erlaubt, haben aber gegenüber Zucker eigentlich keinen Vorteil.

Zuckeraustauschstoffe haben so gut wie keine Bedeutung

Chemische Konservierung

Der Begriff „Chemische Konservierung" vermittelt uns schon allein im Klang das Gefühl des Ungesunden. In einer Zeit, in der viele Menschen auf Gesundheit und bewusste Ernährung großen Wert legen, erscheint diese Form der Konservierung als nicht mehr ganz zeitgemäß. Und doch hat sie bei speziellen Produkten noch immer eine gewisse Bedeutung.

Auch bei den Profis aus der Ernährungslehre spaltet der Zusatz von Konservierungsmitteln die Lager. Während die einen behaupten, diese könnten Allergien auslösen, sprechen die anderen von völliger Unbedenklichkeit.

> Die chemische Konservierung von Nektar oder Sirup ist bei Produkten für den Verkauf nicht gestattet.

Man findet sie nur bei Rezepten für den Eigenbedarf. Die chemische Konservierung ist ein Thema für all jene, die ihren Sirup so zuckersparend herstellen, dass die Haltbarkeit nach dem Öffnen nicht mehr gegeben ist.

Vielen ist nicht bekannt, dass es sich bei der allseits bekannten Einsiedehilfe um nichts anderes als um ein chemisches Konservierungsmittel handelt. Sie findet sich in vielen Rezepten und wird daher oft eingesetzt. Durch ihren Zusatz sind auch zuckerarme Produkte über einen längeren Zeitraum haltbar. Die Einsiedehilfe kommt entweder als reine Benzoesäure oder als ein Gemisch mit Sorbinsäure in den Handel. Beides sind Säuren, die auch in Früchten natürlich vorkommen. Über richtigen Einsatz und Aufwandmenge des jeweiligen Mittels gibt die Anwendervorschrift Auskunft.

Einsiedehilfe hat nur bei Sirup mit geringem Zuckergehalt für die Eigenversorgung eine gewisse Bedeutung

Einmal geöffnete Flaschen
im Kühlschrank aufbewah-
ren oder (noch besser)
schnell austrinken

Die Verwendung von Konservierungsmitteln bzw. von Einkochhilfen, die diese enthalten, ist aber auch bei zuckerarmen Erzeugnissen nicht unbedingt notwendig. Durch die Heißfüllung sind normalerweise keine keimfähigen Mikroorganismen mehr in der Flasche, so dass das Getränk in der originalverschlossenen Flasche damit haltbar ist.

Erst nach dem Öffnen gelangen erneut Keime in die Flasche. Bei ausreichend hoher Trockensubstanz (über 60 %) stellt auch das kein Haltbarkeitsproblem dar. Liegt der Wert darunter, muss die angebrochene Flasche zumindest im Kühlschrank gelagert und schnell ausgetrunken werden, um vor allzu raschem Verderb geschützt zu sein.

> Je geringer der Gehalt an Trockensubstanz, umso begrenzter ist die Lagerfähigkeit. Nur chemisch konservierte Erzeugnisse sind nahezu unabhängig von Trockensubstanzgehalt und Lagertemperatur haltbar.

*Einsiedehilfe ist nichts anderes als eine Form der
chemischen Konservierung*

Fehler in Sirup und Nektar

Als fehlerhaft bezeichnen wir Nektar oder Sirup dann, wenn gänzlich unerwünschte Veränderungen in Geruch, Geschmack und Aussehen auftreten. Die Ursachen dafür sind unterschiedlichst. Sollte es Ihnen passieren, dass der Inhalt einer oder mehrerer Flaschen verdirbt, so forschen Sie genau nach dem Grund. In den meisten Fällen lässt sich die Ursache dafür recht rasch finden. Die folgenden Kapitel sollen Ihnen dabei eine Hilfestellung bieten.

Schimmelbildung

Den unerwünschten Schimmelrasen finden wir weit häufiger im Sirup als im Nektar. Da Sirup allein schon durch den Zuckergehalt gegen eine Gärung geschützt ist, zeigt sich in diesem durch die meist längere Lagerung eher ein Schimmelrasen. Fehler beim Herstellen im Nektar äußern sich eher durch Gärung. Sirupflaschen aus eigener Produktion mit Schimmel findet man leider häufiger als notwendig, während im Nektar der Schimmel eher selten zu finden ist.

Sirup schimmelt deutlich häufiger als Nektar

> Unabhängig davon ob Sirup oder Nektar: Zum Eruieren der Ursache muss zwischen Schimmelbildung vor dem Öffnen und Schimmelbildung nach dem Öffnen der Flasche unterschieden werden.

Heiß gefüllte Getränke müssten bis zum ersten Öffnen der Flasche allein schon durch die Einwirkung der Hitze haltbar sein. Die Ausbildung eines

Schimmelrasens in der verschlossenen Flasche ist ein Hinweis auf zu niedrige Abfülltemperaturen oder auf unzureichende Deckelsterilisation. Schlecht verschlossene Flaschen oder undichte Verschlüsse ermöglichen ebenfalls ein Eindringen der Schimmelsporen und damit den Verderb.

Schimmelbildung an der Oberfläche des Flascheninhalts nach dem Öffnen kann durch gekühlte Lagerung verzögert oder durch einen höheren Zuckergehalt verhindert werden. Nektar muss nach dem Öffnen rasch verbraucht werden, noch bevor er zu schimmeln beginnen kann. Eine geöffnete Nektarflasche ist einer Infektion durch Umgebungsluft im Prinzip schutzlos ausgeliefert und verdirbt normalerweise innerhalb weniger Tage.

> Im Kühlschrank sind geöffnete Flaschen mit bis zu einem Liter Nektar maximal bis zu einer Woche haltbar.

Für Sirupflaschen benötigt man, um sie zu leeren, erfahrungsgemäß deutlich länger. Mit dem Öffnen der Flasche erhält der Inhalt Kontakt mit Umgebungsluft, die wie beim Nektar eine Infektion bewirken kann. Sirup ist aber durch den hohen Zuckergehalt gegen Schimmelbefall besser geschützt. Je höher der Zuckergehalt, umso besser die schützende Wirkung. Nur in seltenen Fällen (bei langer Aufbewahrungszeit der geöffneten Flasche) kommt es trotz eines ausreichend hohen Zuckergehaltes von mehr als 60 % zum Verderb durch Schimmelpilze.

Je niedriger der Zuckergehalt von Sirup oder Nektar ist, umso größer ist die Gefahr des Verderbs.

Auch die gekühlte Lagerung im Kühlschrank verzögert nur das Wachstum des Schimmelrasens, verhindert ihn aber nicht. Obwohl sich nur an der Oberfläche unter Sauerstoffkontakt ein Pilzrasen ausbilden kann, finden sich die Stoffwechselprodukte des Schimmels im gesamten Flascheninhalt. Gehen Sie kein Gesundheitsrisiko ein und entsorgen Sie angeschimmelte Getränke.

Wattebauschartiger Schimmelpilz schon vor dem Öffnen der Flasche ist Indiz für zu wenig Temperatur beim Füllen

> Die Schimmelbildung in der originalverschlossenen Flasche weist auf einen Produktionsfehler hin, das Verschimmeln in einer bereits geöffneten Flasche ist ein Indiz von zu warmer oder zu langer Lagerung bzw. bei einem zu geringen Zuckergehalt im Sirup.

Schimmelbildung an der Oberfläche (links)

Unbedenklicher Pollen auf der Oberfläche von Holundersirup (rechts)

Alkoholische Gärung

Die alkoholische Gärung wird von Hefen hervorgerufen. Sie haben die Fähigkeit, Zucker in Alkohol umzuwandeln und geben dabei Kohlensäure ab. Was bei der Weinherstellung durchaus gewünscht ist, stellt beim Nektar und beim Sirup einen Fehler dar.

In der noch verschlossenen Flasche kann man von außen eine Gärung nur schwer erkennen. Anhand einer Trübung und sichtbarer Bläschenbildung am Flaschenrand kann man lediglich erahnen, dass der Flascheninhalt zu gären begonnen hat. Beim Öffnen der Flasche entweicht die Gärungskohlensäure mit einem Zischlaut und Bläschen steigen deutlich sichtbar in der Flasche auf. Je nachdem wie lange und intensiv der Flascheninhalt gegoren hat, kann die Flasche beim Öffnen auch überschäumen oder im Extremfall sogar platzen.

Eine Gärung in der verschlossenen Flasche kommt meistens dann vor, wenn der Sirup kalt, also ohne Erhitzung, in die Flasche gefüllt wurde. Heiß abgefüllter Sirup kann in der Flasche nur dann zu gären beginnen, wenn durch einen undichten Verschluss Hefezellen zum Sirup gelangen können. Ein dichter Verschluss und die Heißfüllung mit 80 °C verhindern garantiert das Angären in der Flasche vor dem ersten Öffnen.

Erst nach dem Öffnen der Flaschen können lebende Hefezellen wieder in die Flasche gelangen.

> Geöffnete und gekühlt gelagerte Nektarflaschen sind binnen weniger Tage aufzubrauchen, da sie gegen eine Gärung nicht geschützt sind.

Starke Kohlensäure-
bildung in der Flasche
nach dem Füllen ist ein
Hinweis auf eine
alkoholische Gärung

Sirup mit einem Zuckergehalt von mehr als 60 % ist gegen das Wachstum von Gärhefen gewissermaßen natürlich geschützt. Bei einem tieferen Zuckergehalt ist Sirup nicht geschützt und kann wie Nektar bereits nach wenigen Tagen zu gären beginnen.

Am Beginn der Gärung schmeckt der Sirup noch angenehm spritzig und süffig. Je länger die Gärung dauert, umso höher wird der Alkoholgehalt im Sirup. Rein rechtlich ist gärender Nektar oder Sirup verdorben und darf nicht in Verkehr gebracht werden.

> Eine Gärung in der originalverschlossenen Flasche weist auf einen Produktionsfehler hin, die Gärung in einer bereits geöffneten Flasche ist ein Indiz von zu warmer oder zu langer Lagerung.

Gelieren

Manchmal geliert Obstsirup (und ganz selten Nektar) in der gefüllten Flasche. Was bei der Konfitürenherstellung durchaus erwünscht ist, stellt beim Sirup eine Qualitätsminderung dar. Im Extremfall geliert Sirup in der bereits gefüllten Flasche so stark, dass man ihn nicht mehr aus der Flasche ausschenken kann. Verantwortlich für das Gelieren ist Pektin.

> Gelierter Sirup ist nicht mehr als Basis für Getränke zu gebrauchen.

Ein Gelieren in der Flasche ist ein klarer Hinweis auf fehlenden Pektinabbau im Saft

Hinter dem Begriff „Pektin" versteckt sich eine Kette von unzähligen Molekülen der Galacturonsäure. Ihr Gehalt richtet sich in erster Linie nach der Obstart. Meistens haben sehr saure Früchte (Ribiseln/Johannisbeeren, Stachelbeeren) viel Pektin.

Als Kittsubstanz in der pflanzlichen Zelle und für das Gefüge des pflanzlichen Gewebes ausschlaggebend, kommt es in allen Früchten vor. Ebenso ist es auch für die Festigkeit der Früchte verantwortlich. In weiterer Folge ist der Reifegrad für den Gehalt und die Form des Pektins entscheidend. In unreifen Früchten sind diese Galacturonsäure- oder Pektinketten am längsten. Im Zuge der Reife werden die Pektinketten kürzer und die Früchte weich.

> Je nachdem, wie die Früchte verarbeitet werden, gelangt mehr oder weniger von kurzen, mittellangen und langen Pektinanteilen in den Fruchtsaft. Bei der Heißentsaftung (Aufkochen der Früchte oder Dampfentsaften) gelangt prinzipiell mehr Pektin in den Fruchtsaft als auf kaltem Wege durch Maischen und Pressen, deshalb gelieren diese Säfte auch weitaus leichter.

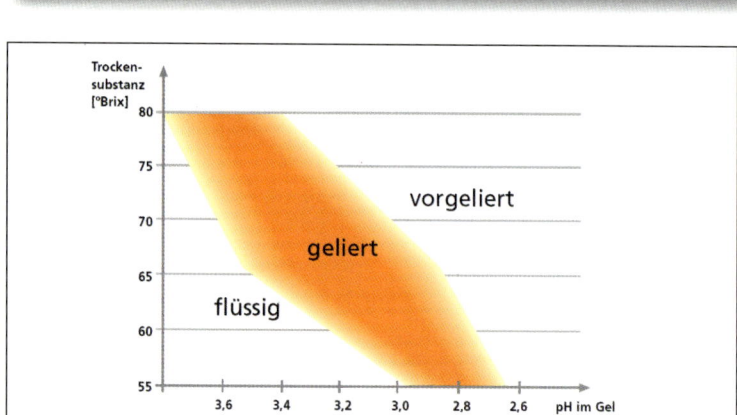

Gelierbereich von hochveresterten Pektinen, modifiziert (nach Pilnik, 1980)

Um ein Gel ausbilden zu können, benötigt das Pektin einen tiefen pH-Wert, sprich viel Säure. Am ehesten gelieren daher auch Säfte aus sauren Obstarten, am ehesten trifft es Produkte aus Ribiseln/Johannisbeeren, Himbeeren, Heidelbeeren oder aus Weintrauben, die in der Flasche gelieren können. Doch versucht man den Säuregehalt wegen des Gelierens zu verringern, geht auch viel vom frischen Geschmack verloren.

> Je mehr Zucker dem Saft zugesetzt wird, umso weiter nähern sich die bereits abgespaltenen Teilchen der Pektinketten wieder aneinander an. Wenn gleichzeitig der Säuregehalt erhöht wird, stoßen sich die Kettenteile auch nicht mehr gegenseitig ab und es folgt eine so genannte „Zucker-Säure-Gelierung".

Beim kalten Einrühren des Zuckers in den Fruchtsaft verknüpfen sich die einzelnen Kettenglieder nur langsam wieder und bilden Flocken, im Extremfall ein Gel. Wird aber heiß entsaftet und der Zucker sofort in den sauren, noch heißen Saft eingerührt, kann dieser beim Abkühlen gelieren.

Pektinflocken schauen aus wie Schneeflocken, schwimmen meistens im unteren Teil der Flaschen und lassen sich nur schwer wieder entfernen. Beim Versuch, sie durch Filtration zu beseitigen, verkleben sie recht rasch die Filterschicht. Am ehesten kann man sie entfernen, wenn man auf ihr Absinken wartet und den darüberstehenden Sirup abzieht.

Keine Bedeutung hat das Gelieren bei kalt angesetzten Kräutersirupen. In den verwendeten Blättern oder Blüten ist kein Pektin enthalten, das ausgelaugt werden und gelieren könnte. Bei heiß angesetztem Kräuter- oder Blütensirup kann zwar das Heißwasser geringe Mengen an Pektin aus dem Zellverband herauslösen, aber fürs Gelieren ist das viel zu wenig. Nach dem Zuckerzusatz und nach der Heißfüllung kann das maximal zur Ausbildung von ein paar Flocken in der Flasche führen, aber gelieren wird dieser Sirup sicher nicht.

Die Abbildung über den Gelierbereich von Pektin zeigt uns, dass bei tiefem pH-Wert ab einem Trockensubstanzgehalt von 55 % und ausreichend viel Pektin ein Gelieren möglich ist. Also ein Gehalt, der bei Obstsirup durchaus gegeben ist.

In der Flasche gelierter Sirup ist vielen Herstellern bekannt

Verhindern von Gelieren

Um dauerhaft das Gelieren eines Sirups zu verhindern, müssen die Pektinketten zerstört werden. Ist das Pektin einmal in seine Einzelbausteine zerlegt, kann es sich nicht mehr zu einem Gel zusammenfügen. Für diesen Abbau verwenden wir pektinspaltende Enzyme – so genannte Pektinasen. Ihre Zugabe und Wirkungsweise wird im Kapitel der Saftgewinnung (siehe Seite 41 ff.) näher beschrieben.

Bei diesen Enzymen handelt es sich um Stoffe, die in der Natur auch vorkommen, allerdings nicht in so hohen Konzentrationen. Sie sind in sehr geringen Mengen bereits wirksam. Meistens reichen wenige Milliliter aus, um in 100 l Saft das Pektin abzubauen. Je nach Präparat liegt der optimale Temperaturbereich zwischen 15 und 50 °C. Je wärmer der Saft, umso rascher funktioniert der Abbau.

> Wenn Sie mit dem Zuckergehalt (Trockensubstanzgehalt) unter 55 % bleiben, ist ein Gelieren eher unwahrscheinlich.

Für den Verkauf bestimmter Sirup muss mindestens 55 % Trockensubstanz aufweisen, erst ab 60 % ist er auch in der schon geöffneten Flasche gut haltbar. Tiefere Werte sind zwar möglich, aber wie im Kapitel „Haltbarkeit" beschrieben, geht mit der Verringerung des Zuckergehaltes auch eine Verringerung der Haltbarkeit einher.

Für den Eigenbedarf ist es durchaus möglich, durch Verringerung des Zuckerzusatzes auch das Gelieren zu verhindern. „Zuckerarmer" Sirup ist nur durch die Heißfüllung vor dem Verderb geschützt, und einmal geöffnete Flaschen sind in ihrer Haltbarkeit begrenzt.

Um das Gelieren im Fruchtsirup zu verhindern, muss das Pektin bereits bei der Fruchtsaftherstellung durch den Zusatz pektinspaltender Enzyme abgebaut werden. Ein geringerer Zuckergehalt und ein Verdünnen des Säuregehalts sind nicht sinnvoll.

Bei Kräutersirup kommt es gar nicht, bei Blütensirup nur in Ausnahmefällen zur Ausbildung von Pektinflocken – ein Gelieren ist somit nicht möglich.

Auskristallisieren

Eine relativ seltene, aber doch hin und wieder auftretende Erscheinung bei Frucht- oder Kräutersirup ist das Auskristallisieren. Eher kennen wir es vom Honig. Ein Teil des Honigs beginnt, sich im Glas zu verfestigen und bildet Zuckerkristalle aus. Gleiches kann uns im Sirup passieren.

> Bei zu hoher Zuckerkonzentration oder zu tiefen Lagertemperaturen setzen sich am Boden der Sirupflasche Kristalle ab.

Der am häufigsten verwendete Kristallzucker – auch Saccharose oder Rübenzucker genannt – besteht zu gleichen Teilen aus Fruchtzucker (Fructose) und Traubenzucker (Glucose). Von den drei Zuckerarten ist es praktisch nur die Saccharose, die im Sirup wieder kristallin werden kann, bei Fructose und Glucose ist das praktisch nahezu ausgeschlossen. Saccharose spaltet sich aber in saurer Umgebung, abhängig von der Temperatur, zu Fructose und Glucose. Je niederer der pH-Wert ist und je höher die Temperatur, umso schneller geht dieser Spaltvorgang, auch Invertieren genannt, vor sich. Das entstandene Gemisch, das zu gleichen Teilen aus Fructose und Glucose besteht, nennt man Invertzucker.

Fast jedem Sirup wird, um im fertigen Getränk einen ausgewogenen Geschmack zu erzielen, in irgendeiner Form Säure zugesetzt. Diese führt bei Fruchtsäften in Kombination mit vorhandenen Fruchtsäuren zur Inversion.

Im Sirup liegt demzufolge immer eine Mischung aus diesen drei Arten von Zucker vor. Ist erst einmal ein Teil der Saccharose aufgespalten, kann es zu keinem Auskristallisieren mehr kommen. Findet aber keine Inversion statt, kann es bei einem Zuckergehalt von mehr als 65 % und bei niederen Temperaturen zum Ausfallen der Saccharose kommen.

Um einen derartig hohen Zuckergehalt zu erreichen, müsste man auf 1 l Fruchtsaft mehr als 1,5 kg Zucker zusetzen, bei Kräutersirup wäre noch mehr Zucker notwendig. Bei den meisten Siruprezepten liegt der Zuckeraufwand aber darunter – es besteht daher keine Gefahr des Kristallisierens im fertigen Sirup.

> Am ehesten findet man die unerwünschten Zuckerkristalle in einem sehr süßen, kaltgerührten und anschließend kalt abgefüllten Sirup.

Die Heißfüllung und ein eventuell vorhergehendes kurzes Aufkochen hätten ein Aufspalten der Saccharose so weit beschleunigt, dass keine Gefahr des Kristallisierens der Saccharose mehr besteht.

Auskristallisieren durch zu hohen Zuckergehalt im Sirup

Kristallisierter Sirup ohne Säurezusatz

Ist die Saccharose wieder auskristallisiert, dann erhitzen Sie den Sirup mit den Zuckerkristallen auf mindestens 80 °C. Sie werden sehen, die Kristalle lösen sich auf. Setzen Sie nun Zitronensäure zu, kochen Sie den Sirup einmal auf und füllen ihn mit mindestens 80 °C ab.

Kristallisierter Sirup mit Säurezusatz

Auch hier kann man die Kristalle durch Erhitzen wieder auflösen. Es reichen allerdings allein schon ein Aufkochen und Wieder-Abfüllen. Durch das Erhitzen spaltet sich der Rübenzucker auf und kann nicht mehr kristallisieren.

Kristallisiert Saccharose im Sirup aus, dann ist das ein deutliches Zeichen von zu hohem Zuckergehalt und fehlender Inversion. Denn nur in einem Sirup mit einem Kristallzuckergehalt von mehr als 65 %, der im Zuge seiner Herstellung nicht erhitzt wurde, können sich bei tiefen Lagertemperaturen unerwünschte Zuckerkristalle bilden.

Braunverfärbungen

Bräunungen in Nektar oder Sirup verringern die Freude am Konsum. Auch wenn sich der Geschmack durch die dunklere Farbe nur geringfügig verändert hat, bevorzugen die meisten Konsumenten Produkte mit einer frischen und leuchtend intensiven Farbe. Das mag damit zu tun haben, dass wir von klein auf gelernt haben, dass braune Früchte meistens von Fäulnis betroffen und damit ungenießbar sind.

Löwenzahnsirup war zu stark gezuckert, nicht aufgekocht und ist im Kühlschrank auskristalisiert

> Besonders vom Verlust der frischen Farbe betroffen sind fruchtfleischhaltige Nektare aus rotfarbigen Früchten.

Bei Zwetschken-/Pflaumen- oder Erdbeernektar ist es fast nicht möglich, die frische Farbe der Frucht über mehrere Monate hindurch erhalten zu können. Auch Produkte aus Pfirsich oder Marille/Aprikose verlieren im Laufe eines Jahres ihre frische Farbe.

Weniger deutlich bemerken wir das beim Sirup. Der hohe Zuckergehalt wirkt sich dort stabilisierend auf die Farbe aus. Sirup aus Kräutern oder Blüten neigt von vornherein weniger zu Bräunungsreaktionen.

Nicht bei allen Produkten kann man den Verlust der frischen Farbe verhindern. Dort versuchen wir, ihn zu verlangsamen.

Folgende Zusätze stehen uns zur Farberhaltung zur Verfügung:

Ascorbinsäure

Dieser auch als Vitamin C bekannte Stoff ist bereits beim Nektar als Zusatzstoff beschrieben worden, allerdings spricht man im Zusammenhang mit Oxydationsschutz (Schutz vor Bräunungen) nicht vom Vitamin, sondern behält den eigentlichen Namen der Substanz bei. Aus diesem Grund muss der Zusatz bei einem etwaigen Verkauf von Nektar auch in der Zutatenliste mit „als Antioxidans Ascorbinsäure" vermerkt werden. Ein Hinweis auf das Vitamin C darf rechtlich nicht erfolgen.

Ascorbinsäure wirkt schon in sehr geringen Mengen bräunungshemmend

Die Ascorbinsäure wirkt schon in Mengen zwischen 0,2 und 0,5 g/l, wird aber beim Erhitzen und Heißfüllen je nach Höhe und Dauer der Temperatureinwirkung zerstört. Beim Abfüllen bei etwa 80 °C und anschließendem langsamen Abkühlen geht etwa die Hälfte ihrer Wirkung verloren.

Bei Erdbeernektar reicht aber auch die Ascorbinsäure nicht aus, um die Farbe über Monate hindurch stabil zu halten. Hier muss man etwa

nach einem halben Jahr eine fahle, etwas ins Graue reichende Farbe to-
lerieren. Der Ascorbinsäurezusatz verlangsamt diese Reaktion jedoch
deutlich. Aber gerade beim Erdbeernektar entschädigt, glaube ich, die
Fruchtigkeit im Geschmack für den Verlust der Farbe.

Zitronensäure

Der Zusatz von Zitronensäure hat nur indirekt einen Einfluss auf die Farbstabilität eines Produkts. Ein Aufsäu-
ern von Sirup oder Nektar bewirkt ein Absinken des
pH-Werts. Also nicht nur vom Geschmack, sondern
auch chemisch gesehen wird das Getränk saurer. Je
saurer die Bedingungen für rote Farbstoffe aus der
Natur sind, umso stabiler werden sie, und die Neigung
zum Braunwerden verringert sich.

Färbende Säfte

Diese letzte Möglichkeit wird bei einigen Obstarten häufig angewendet.
Zu Zwetschken-/Pflaumennektar kann man beispielsweise einen ganz geringen Anteil von Holundersaft geben, der die Farbe stabil und intensiv
hält.

Sofort nach der Zugabe von Zitronensäure färbt sich der linke Blütenaus- zug deutlich heller

---

Achtung:

**Ein Zuviel ist auch im Geschmack sofort erkennbar. Die zu-
gesetzte Menge Holunder sollte daher nur einen Bruchteil
des Zwetschken-/Pflaumenanteils ausmachen.**

Ähnlich verhält es sich mit dem Saft der Roten Rübe für rote Produkte
mit empfindlichen Farbstoffen. Die Zugabe eines anderen Safts, wie dem
aus Roter Rübe oder Holunder, hilft mit, die Farbe zu intensivieren. Das
Ausmaß dieses Zusatzes muss aber immer vorher mit einer geringen
Menge ausprobiert werden, damit es hinterher keine bösen Überra-
schungen hinsichtlich des Geschmacks gibt.

Der Zusatz von färbenden Säften hat vor allem in der Saftindustrie Bedeutung und ist im Zutatenverzeichnis ersichtlich

---

Neben dem Geschmack ist auch das Aussehen eines Getränks zur
Qualitätseinstufung von Bedeutung.

Bräunungsreaktionen im fertigen Produkt lassen sich nicht gänzlich verhindern, doch manche Zusatzstoffe bremsen oder verringern sie aber
wenigstens. Durch Zusatz von Zitronensäure verlangsamt sich die Reaktion, Ascorbinsäure verhindert einen Teil der Bräunungen.

Bei Produkten aus besonders empfindlichen – meistens rot gefärbten – Obstarten werden häufig geringe Mengen von intensiv gefärbten Säften mit stabilem Farbstoff zugesetzt. Die Brauntöne im Getränk werden dann von der frisch bleibenden Farbe zum Teil überdeckt und sind nicht mehr so deutlich zu sehen.

> Das Besondere an selbst hergestelltem Sirup oder Nektar ist, dass sie unter Auswahl der geeignetsten Rohstoffe mit Liebe zum Detail und vor allem mit viel Freude hergestellt wurden.

Allein schon durch das Fehlen von Spezialmaschinen darf man nicht die Klarheit oder Feinheit eines im großen Maßstab hergestellten Getränks erwarten. Doch sind es gerade diese kleinen Abweichungen vom industriellen Maßstab, die die selbst erzeugten Produkte so besonders machen. Ein paar Pektinflocken da oder eine leichte Bräunung dort sind kaum der Rede wert. Schimmelbildung oder ein Angären ist aber mit Verderb gleichzusetzen und sollte auch im Haushalt nicht passieren.

Rezepte

Um einen guten Sirup oder Nektar herzustellen, reichen ein gutes Rezept und die passenden Rohstoffe eigentlich schon aus. Aber irgendwann kommt der Moment, in dem man sich wünscht, mehr als nur Rezepte nachzukochen. Dann beginnt man, mit etwas Fantasie und Hintergrundwissen Eigenkreationen zu entwickeln. Wenn Sie die wesentlichen Herstellungsprinzipien beachten, stellen sich sicherlich schon bald die ersten Erfolge ein.

Die Abläufe bei der Herstellung von Nektar oder Sirup sind immer ähnlich, die verschiedenen Herstellungsarten selbst sind aber sehr variabel.

> Bei den meisten Rezepten lassen sich Rohstoffe oder Süßungsmittel ganz einfach austauschen. Die Bandbreite an Möglichkeiten ist so riesengroß.

Es liegt an Ihnen, diese nach Lust und Laune auszureizen. Sollte doch einmal etwas nicht ganz so gelingen, wie Sie es sich vorgestellt haben, oder gar einmal eine Flasche verderben, lassen Sie sich nicht entmutigen, es ist noch kein „Sirup- oder Nektarmeister" vom Himmel gefallen.

Bei den folgenden Rezepten sind einige weitverbreitet und schon richtige Klassiker, andere wiederum sind noch nicht so bekannt. Bei manchen Rezepten sind Gewürze angeführt, deren Verwendung das Aroma mehr oder minder stark beeinflussen. Selbstverständlich liegt es an Ihnen zu entscheiden, welche dieser Anregungen Sie aufgreifen möchten.

Die wichtigsten Mengenangaben

EL	Esslöffel	2 cl	20 ml	1 kleines Stamperl
TL	Teelöffel	4 cl	40 ml	1 großes Stamperl

62,5 ml	$1/16$ l	100 g	$1/10$ kg
125 ml	$1/8$ l	125 g	$1/8$ kg
250 ml	$1/4$ l	250 g	$1/4$ kg
500 ml	$1/2$ l	500 g	$1/2$ kg
750 ml	$3/4$ l	750 g	$3/4$ kg
1000 ml	1 l	1000 g	1 kg

Siruprezepte

Sirup aus Kräutern und Blüten

Abb. 1

LÖWENZAHNBLÜTENSIRUP

250 g Löwenzahnblüten
1 l Wasser
1 kg Zucker
Saft von 1 Zitrone

Die Blüten ernten und die Blütenblätter aus den grünen Körbchen zupfen **(Abb. 1)**, da die grünen Teile zu einem Bittergeschmack führen können. Danach kurz in einem Sieb unter kaltem Wasser abspülen **(Abb. 2)**, in 1 l Wasser aufkochen und abgedeckt zwischen 12 und 24 Stunden ziehen lassen **(Abb. 3)**. Je länger man ihn ziehen lässt, umso intensiver wird das Aroma.

Abb. 2

Nach der Standzeit durch ein Tuch oder ein eher feines Nudelsieb abseihen **(Abb. 4)**. Den Sud mit dem Saft der Zitrone und dem Zucker verrühren und noch einmal aufkochen. Dabei löst sich der Zucker vollständig auf, meistens schäumt der Sirup dabei recht stark. Schöpfen Sie den Schaum ab, das macht den Sirup nach dem Füllen weniger trüb.

Nach dem Aufkochen noch heiß in die Flaschen füllen und diese sofort nach dem Verschließen für wenige Minuten umlegen.

Abb. 3

Abb. 4

LÖWENZAHNHONIG

Den Sud vom Löwenzahnblütensirup mit 1 kg Honig und eventuell einer Vanillestange versetzen und bei wenig Hitze etwa drei Stunden eindicken lassen. Durch das Verdampfen des Wassers erlangt der Sirup eine honigartige Konsistenz.

Der Löwenzahnhonig eignet sich vorzüglich als Brotaufstrich oder zum Süßen von Kräutertees.

TRAUBENKIRSCHENBLÜTENSIRUP

100 Blütendolden der Traubenkirsche
1 l Wasser
1,5 kg Zucker
50 g Zitronensäure
1 unbehandelte Zitrone

Beim Ernten der Blüten ist auf ihre Frische zu achten, da die verblühten Blütenstände ihr feines Aroma schon verloren haben. Die geernteten Blüten unter fließendem Wasser vorsichtig abspülen und anschließend mit Zucker, Wasser, Zitronensäure und der in Scheiben geschnittenen Zitrone 2 bis höchstens 3 Tage lang ansetzen.

Wenn sich nach 3 Tagen der Zucker noch nicht vollständig gelöst hat, dann die Blüten mit einem Schaumlöffel aus dem Ansatzgefäß heben, die Flüssigkeit durch ein Sieb gießen und den Zucker anschließend herausschöpfen und mit dem Fruchtansatz aufkochen.

Hat sich der Zucker schon vollständig gelöst, kann man den kompletten Ansatz abseihen. Diesen auf etwa 80 °C erhitzen, noch heiß abfüllen und die Flaschen nach dem Verschließen für wenige Minuten umlegen.

Nach mehrwöchiger Lagerung bildet sich an der Oberfläche vom Sirup ein Rand aus Blütenpollen. Dieser ist harmlos, schaut aber dem Schimmel zum Verwechseln ähnlich.

Kräutersirup

1 großer Bund Apfelminze
1 großer Bund Zitronenmelisse
1 großer Bund Zitronenverbene
2 Orangen, in Scheiben geschnitten
2 Zitronen, in Scheiben geschnitten
3 l Wasser
4,5 kg Zucker
150 g Zitronensäure

Die Kräuter in einem geeigneten Ansatzgefäß mit dem Wasser bedecken, etwas mehr als $^1/_3$ des Zuckers und die in Scheiben geschnittenen Zitrusfrüchte darübergeben und bis zu 3 Tagen ziehen lassen.

Nach dem Abseihen den restlichen Zucker und die Zitronensäure unter Erwärmen auflösen, alles einmal kurz aufkochen lassen und den fertigen Sirup heiß in die vorbereiteten Flaschen abfüllen.

Waldmeistersirup

1 großer Bund Waldmeister
2 l Wasser
3 kg Zucker
100 g Zitronensäure
2 unbehandelte Zitronen

Wasser mit der Zitronensäure und einem Drittel des Zuckers erhitzen, bis sich dieser gelöst hat. Die Flüssigkeit noch heiß über den Waldmeister gießen und die in Scheiben geschnittene Zitrone untermischen.

Diesen Ansatz nach etwa 3 Tagen abseihen, mit dem restlichen Zucker versetzen, erhitzen und bei etwa 80 °C abfüllen. Die Flaschen nach dem Befüllen sofort verschließen und umlegen.

> ### Tipp
>
> **Pflücken Sie den Waldmeister noch, bevor er zu blühen beginnt. Verwenden Sie ihn aber erst, wenn er angewelkt oder getrocknet ist bzw. frieren Sie ihn vor dem Verarbeiten überhaupt ein. Das Aroma wirkt dadurch intensiver.**

Erwarten Sie aber nicht das Aroma eines vergleichbaren künstlich aromatisierten Produkts. Echtes Waldmeisteraroma zeigt sich im Sirup eher zart. Dieser schmeckt zwar nicht so intensiv, ist aber selbst hergestellt und damit etwas Besonderes.

MELISSENSIRUP

2 große Bunde Zitronenmelisse
1 l Wasser
1,5 kg Zucker
20 g Zitronensäure
2 unbehandelte Zitronen

Die Zitronenmelisseblätter nach dem Ernten abspülen, mit 1 l heißem Wasser übergießen, mit etwa der Hälfte des Zuckers und der in Scheiben geschnittenen Zitrone versetzen und bis zu 3 Tage zugedeckt stehen lassen.

Nach dem Abseihen vermengt man den Sud mit dem restlichen Zucker und der Zitronensäure, löst diese unter Erhitzen auf und füllt alles noch heiß in die vorbereiteten Flaschen ab. Die Flaschen nach dem Verschließen umlegen.

HOLUNDERBLÜTENSIRUP

Holunderblütensirup ist wohl einer der bekanntesten Blütensirupe überhaupt. Er zeichnet sich durch sein liebliches Aroma aus und eignet sich
mit Sekt vermischt hervorragend als Aperitif. Aus der Vielfalt an möglichen Herstellungsarten habe ich hier die beiden angeführt, die mir persönlich am meisten zusagen.

VARIANTE 1

10–12 Holunderblüten (je nach Größe)
2 l Wasser
3 kg Zucker
80 g Zitronensäure

Die groben Stängel sind von den Blütendolden
zu schneiden, da sie einen herben Geschmack
haben, den sie an den Auszug abgeben. Die vorbereiteten Blüten mit Wasser, einem Teil des Zuckers und der Zitronensäure ansetzen.
    Nach spätestens 3 Tagen abseihen, mit dem
restlichen Zucker vermischen, erhitzen und heiß
abfüllen. Die Flaschen nach dem Befüllen sofort
verschließen und, um die Haltbarkeit zu gewährleisten, für wenige Minuten umlegen.

VARIANTE 2

10 Holunderblüten
2 l Wasser
3 kg Zucker
$^1/_2$ l Apfelessig
2 unbehandelte Orangen
2 unbehandelte Zitronen

Anstelle der Zitronensäure verwendet man bei diesem Rezept Essig zum
Säuern. Zusätzlich gibt man auch Südfrüchte in den Auszug. In Kombi-
nation mit dem Essig ergeben sie einen herrlich exotischen, blumigen
Geschmack. Die Zitronen und Orangen dafür unter heißem Wasser ab-
spülen und in feine Scheiben schneiden.
    Blüten, Zitronen- und Orangenscheiben mit einem Teil des Zuckers im
Wasser ansetzen. Nach etwa 3 Tagen das Ganze abseihen, den restli-

chen Zucker und den Essig darunterrühren, erhitzen, bestenfalls kurz aufkochen und heiß abfüllen.

Der stechende Geruch beim Erhitzen stammt von der Essigsäure und ist normal. Kocht man zu lange, geht zu viel Säure verloren und der Sirup verliert seinen harmonischen Geschmack.

Die Flaschen nach dem Befüllen sofort verschließen und für wenige Minuten umlegen.

Bei beiden Varianten bildet sich im Zuge der Lagerung an der Oberfläche ein Rand aus aufgestiegenen Blütenpollen. Diese sind harmlos, dürfen aber nicht mit Schimmel verwechselt werden.

PFEFFERMINZSIRUP

1 großer Bund Pfefferminzblätter
1 l Wasser
1,5 kg Zucker
1 TL Zitronensaft

Die Pfefferminzblätter mit dem Wasser überziehen, den Zitronensaft beimengen und in einem verschlossenen Gefäß bis zu 3 Tage stehen lassen. Anschließend erst durch ein grobes Sieb, ein Mulltuch, eine Windel oder ein anderes sauberes Tuch seihen.

Den Zucker der Flüssigkeit zufügen und alles auf etwa 80 °C erhitzen. Den Sirup heiß in Flaschen abfüllen, diese gut verschließen und umlegen.

Tipp

Sollte Ihnen der Pfefferminzsirup zum Trinken zu intensiv sein, können Sie ihn auch zum Aromatisieren von Cremes, Eiscreme oder Sorbets verwenden. Ein besonderer Gag ist der Zusatz grüner Lebensmittelfarbe, die dem Sirup auch eine färbende Wirkung verleiht.

ROBINIEN- („FALSCHE AKAZIE"-) SIRUP

20 Akazienblüten
2 l Wasser
2 kg Zucker
80 g Zitronensäure

Die Blüten in ein geeignetes Ansatzgefäß geben, mit kaltem Wasser und der Hälfte des Zuckers überziehen. Nach etwa 3 Tagen abseihen, die Flüssigkeit mit dem restlichen Zucker und der Zitronensäure verrühren und erwärmen, aber nicht aufkochen. Bei etwa 75 °C den Sirup in die vorbereiteten Flaschen füllen, diese gut verschließen und für wenige Minuten umlegen.

Dieser Sirup hat einen geringeren Zuckergehalt als andere Siruparten. Bei dem sonst üblichen Verdünnungsverhältnis von 1 : 6 würde sich das zarte Aroma zu sehr verdünnen.

Tipp

Wenn man die roten Blüten der Zierakazie verwendet, färbt sich der Sirup rosa.

LINDENBLÜTENSIRUP

2 Handvoll frischer Lindenblüten
2 l Wasser
³/₄ kg Zucker
50 g Zitronensäure

Aus einem Teil des Zuckers kocht man mit dem Wasser und der Zitronensäure einen klaren Zuckersirup. Die Lindenblüten überzieht man dann mit dem heißen Zuckersirup, verschließt den Behälter und lässt die Blüten höchstens 3 Tage lang ziehen.

Anschließend seiht man die Blüten mit einem Sieb ab und filtriert den Sud durch ein sauberes Tuch. Danach versetzt man den Auszug mit dem restlichen Zucker, erhitzt ihn auf mindestens 75 °C und füllt ihn dann bei dieser Temperatur in die vorbereiteten Flaschen ab.

Die Flaschen sind aus Gründen der Haltbarkeit sofort zu verschließen und für wenige Minuten umzulegen.

ROSENBLÜTENSIRUP

2 Handvoll roter Rosenblütenblätter
¹/₂ l Wasser
¹/₂ kg Zucker
15 g Zitronensäure

Das Wasser zum Kochen bringen und einige Rosenblüten dazugeben. Die Blüten kurz überbrühen, aus dem Wasser herausfischen, auspressen und die nächsten Blüten im selben Wasser kurz aufkochen. Dies ist deshalb notwendig, weil das Volumen der Rosenblüten im Verhältnis zum Wasser relativ hoch ist. Die Rosenblätter sind nach dem Auspressen ziemlich blass, da die Farbstoffe im Wasser bleiben. Das Wasser färbt sich üblicherweise grünlich-violett.

Wenn alle Blütenblätter ausgekocht sind, setzt man dem Wasser den Zucker und die Zitronensäure zu und löst sie auf. Mit dem Zusatz der Säure färbt sich das Wasser deutlich rot. Nach nochmaligem kurzen Erhitzen auf mindestens 75 °C den Sirup in Flaschen abfüllen, diese sorgfältig verschließen und umlegen.

Tipp

Verwenden Sie für den Rosensirup nur die Blüten von ungespritzten Rosen, also entweder solche aus dem eigenen Garten oder von Wildrosen, sprich Hagebutten.

INDIANERNESSELSIRUP

2 Handvoll frischer Blätter
Indianernessel
1 Handvoll Blütenblätter
1,5 l Wasser
2,2 kg Zucker
80 g Zitronensäure

Die Blüten und die frischen Blätter der Indianernessel vorsichtig mit Wasser abspülen, dann
im Ansatzgefäß mit Wasser, der Zitronensäure
und einem Teil des Zuckers überziehen. Schon
nach wenigen Stunden färbt sich der Ansatz
wunderschön rosa. Blaue oder violette Formen
der Indianernessel (Monarda) geben nicht so
schön gefärbte Ansätze.

Nach etwa 3 Tagen seiht man die Blätter ab,
versetzt den Auszug mit dem restlichen Zucker
und erhitzt auf etwa 75 °C. Anschließend füllt
man den Sirup heiß in die vorbereiteten Flaschen, verschließt diese sorgfältig und legt sie
für einige Minuten um.

MÄDESÜSSSIRUP

1 großer Bund Mädesüß
1 l Wasser
1 kg Zucker
25 g Zitronensäure

Die Blüten und ein Teil der oberen Blätter werden geerntet und angetrocknet. Blätter und Blüten werden mit Heißwasser überzogen und nach
etwa 4 Stunden mit dem Zucker vermengt.

Anschließend das Wasser noch einmal erhitzen, wobei der Zucker aufgelöst wird. Zuletzt wird heiß in Flaschen abgefüllt, und die Flaschen werden sorgfältig verschlossen und umgelegt.

Tipp

**Der Sirup soll gegen grippale Infekte und schweißtreibend
wirken.**

ZITRONENVERBENENSIRUP

2 Handvoll frischer Blätter Zitronenverbene
2 l Wasser
3,5 kg Zucker
80 g Zitronensäure
2 unbehandelte Zitronen

Die frischen Blätter der Zitronenverbene spült man vorsichtig mit Wasser ab und versetzt sie in einem Gefäß mit Wasser, der Zitronensäure, den Zitronenscheiben und einem Teil des Zuckers.

Nach spätestens 3 Tagen seiht man den Ansatz ab, gibt den restlichen Zucker zum Auszug und erhitzt auf mindestens 75 °C. Anschließend füllt man den Sirup heiß in die vorbereiteten Flaschen, verschließt diese und legt sie für wenige Minuten um.

Tipp

Durch Zusatz von ½ Handvoll Zitronenmelisseblättern schmeckt der Sirup noch frischer.

INGWERSIRUP

1 Stück einer Ingwerknolle
¼ l Wasser
100 g Kandiszucker
1 EL Zitronensäure

Ein etwa 3 cm langes Stück einer Ingwerknolle schälen und in kleine Stücke schneiden. Daraus entstehen etwa 2 EL gehackter Ingwer, den man mit etwa 1 gehäuften EL Zitronensäure in einen kleinen Topf gibt. Dort lässt man ihn knapp ½ Stunde in ¼ l Wasser leicht vor sich hin köcheln.

Gegen Ende der Kochzeit 100 g Roh- oder Kandiszucker zusetzen und so lange weiterköcheln, bis er sich auflöst. Wenn notwendig, noch etwas Wasser hinzufügen. Den Sirup heiß durch ein Sieb abfüllen, die Flasche gut verschließen und für wenige Minuten umlegen.

Tipp

Dieser Sirup schmeckt recht pikant, manchmal schon scharf und eignet sich gut zum Würzen von Saucen, aber weniger zum direkten Genuss.

Sirup aus Früchten

Zu Sirup verarbeitet man vorwiegend Säfte aus Obstarten, die sich als solche nicht gut zum direkten Genuss eignen. Da die Ausgangssäfte farb- und aromaintensiv sein sollen, nimmt man fast ausschließlich Früchte aus Beerenobst. Die Gewinnung der Säfte ist ab Seite 39 genau beschrieben. Daher ist in den meisten Rezepten nur der Ausgangssaft angeführt.

Neben reinsortigen Erzeugnissen finden auch gemischte Varianten wie zum Beispiel Himbeer-Zitronen-Sirup großen Anklang. Man kann sie relativ einfach durch Abwandeln der bestehenden Rezepte herstellen.

HIMBEERSIRUP

1 l Himbeersaft
1,3 kg Zucker
30 g Zitronensäure

Den Himbeersaft mit dem Zucker und der Zitronensäure vermischen, auf etwa 80 °C erhitzen und heiß abfüllen. Die Flaschen anschließend sofort verschließen und umlegen.

Himbeeren sind Früchte mit mittlerem bis hohem Pektingehalt. Ohne Enzymierung einen derart hohen Zuckergehalt anzustreben, birgt die Gefahr des Gelierens. Für den Eigenbedarf ist es sinnvoll, den Zuckergehalt (und im gleichen Verhältnis auch die Zitronensäure) etwas zu reduzieren.

HIMBEERSIRUP MIT ROTWEIN

Bei dieser Variante ersetzt man beim Aufkochen der Früchte das Wasser durch Rotwein oder setzt nach dem Entsaften mit dem Dampfentsafter auf ¾ l Himbeersaft ¼ l Rotwein zu. Dieses Verhältnis ist für mich persönlich das ausgewogenste. Wer den Rotweingeschmack gerne intensiver möchte, muss mehr Wein mit weniger Himbeersaft mischen.

Achtung:

Dieser Sirup ist nicht für Kinder geeignet, da er auch nach dem Erhitzen noch Alkohol enthält.

ZITRONENSIRUP

10 Zitronen
3 kg Zucker
2 l Wasser
30 g Zitronensäure

Aus Zucker, Wasser und Zitronensäure kocht man unter häufigem Rühren einen klaren Sirup. Der dabei entstehende Schaum ist abzuschöpfen. Inzwischen spült man die Zitronen mit heißem Wasser gut ab und schält sie ganz dünn. Von der weißen Haut soll möglichst wenig auf den Schalen sein, da sie den Sirup bitter macht.

Den gesäuerten Zuckersirup vermischt man in einem Ansatzgefäß anschließend mit den Zitronenschalen und lässt dieses etwa 3 Tage lang stehen. Die geschälten Zitronen entsaftet man, siebt die groben Saftteile ab und bewahrt den Saft während der 3 Tage Ansatzdauer vom Schalenauszug im Kühlschrank auf.

Nach 3 Tagen den Sirup durch ein grobes Sieb schütten, um die Schale zu entfernen, und mit dem gesiebten Zitronensaft vermischen.

Das Ganze nun in einem Topf erhitzen, einmal kurz aufkochen und noch heiß (mehr als 75 °C) in Flaschen füllen. Diese verschließen und einige Minuten umlegen.

Tipp

Eine andere Variante ist es, die Schalen zu Limoncello, einem Zitronenlikör, zu verarbeiten und den Zitronensaft sofort in den Zuckersirup zu geben.

ZITRUSSIRUP

400 ml Orangensaft, frisch gepresst
400 ml Grapefruitsaft, frisch gepresst
200 ml Limettensaft, frisch gepresst
1,3 kg Zucker

Die frisch gepressten Zitrussäfte mischen und durch ein Haarsieb in einen Topf seihen. Mit dem Zucker unter ständigem Rühren erhitzen. Den Sirup heiß in vorbereitete Flaschen füllen, gut verschließen und für wenige Minuten umlegen.

HOLUNDERSIRUP

1 l Holundersaft
1,3 kg Zucker
50 g Zitronensäure

Den Holundersaft mit dem Zucker und der Zitronensäure vermischen, erhitzen und bei etwa 80 °C in die vorbereiteten Flaschen abfüllen. Sofort verschließen und aus Gründen der Haltbarkeit für wenige Minuten umlegen.

> **Tipp**
>
> **Dieser Sirup gewinnt an Finesse, wenn Sie beim Entsaften dem Holunder ein paar Gewürznelken und etwas Zimt beimengen. Der Sirup soll aber nicht nach „Weihnachtspunsch" schmecken, sondern deutlich nach Holunder.**

ERDBEERSIRUP

1 kg reife Erdbeeren
1,25 kg Zucker
1/2 l Wasser
Saft einer Zitrone

Etwa 1/4 des Zuckers im Wasser erhitzen und zu einem klaren Zuckersirup aufkochen. Die Erdbeeren währenddessen verlesen, halbieren und mit einer Gabel grob zerdrücken. Anschließend verrührt man die Erdbeermasse mit dem noch heißen Zuckersirup und dem Zitronensaft.

Wenn die Temperatur dieses Ansatzes unter 50 °C ist, empfiehlt sich der Zusatz eines pektinspaltenden Enzyms. Dies erleichtert das anschließende Abpressen der Erdbeermasse deutlich. Ohne Enzymzusatz lässt sich das Abpressen nur schwer bewerkstelligen.

Nach 1 Stunde Rastzeit das Erdbeermus vorsichtig durch ein Tuch pressen. Man darf dabei nicht zu fest andrücken, da ansonsten das Mus in den Auszug gerät. Den aufgefangenen Sirup mit dem restlichen Zucker vermengen, nochmals auf 80 °C erhitzen und heiß in die vorbereiteten Flaschen abfüllen.

Dieser Sirup verliert rasch seine helle Farbe und wird bald orangebraun. Das Aroma ist etwas länger haltbar, verflüchtigt sich aber auch leider auch viel zu rasch. Eine dunkle Lagerung verzögert diesen Prozess zwar etwas, kann ihn allerdings nicht verhindern.

RIBISEL-/JOHANNISBEERSIRUP

1 l Ribisel-/Johannisbeersaft
1,3 kg Zucker

Der Ribisel-/Johannisbeersaft ist mit dem Zucker zu vermischen, zu erhitzen und heiß abzufüllen. Nach dem Abfüllen müssen die Flaschen verschlossen und umgelegt werden.

Für den Ribisel-/Johannisbeersirup können sowohl Rote als auch Schwarze Ribiseln/Johannisbeeren verwendet werden, wobei die Schwarze Ribisel/Johannisbeere den intensiveren Geschmack bringt und daher zumindest zu einem Viertel mitverarbeitet werden sollte. Wenn der zarte Geschmack der Roten Ribisel/Johannisbeere ausdrücklich gewünscht ist, muss der Anteil der Schwarzen Ribiseln/Johannisbeeren verringert oder ganz weggelassen werden.

Die Herstellung von Ribisel-/Johannisbeersirup nach diesem Rezept funktioniert nur unter Zusatz eines pektinspaltenden Enzyms. Wer auf den Zusatz eines solchen Antigeliermittels verzichten möchte, muss auch den Zuckergehalt verringern, da ansonsten der Sirup in der Flasche geliert. Die Gefahr des Gelierens gibt es bei etwa 500 g Zucker je Liter Ribisel-/Johannisbeersaft noch nicht.

KIRSCHSIRUP

1 l Kirschensaft
1,3 kg Zucker
Saft von 1 Zitrone

Den Kirschsaft mit dem Zucker und der Zitronensäure vermischen, erhitzen und bei etwa 80 °C in die vorbereiteten Flaschen abfüllen. Sofort verschließen und aus Gründen der Haltbarkeit für wenige Minuten umlegen.

Tipp
Sauerkirschen eignen sich besser als Süßkirschen.

Sirup als Hausmittel

Die hier angeführten Rezepte stammen aus einem überlieferten Erfahrungsschatz an Hausmitteln vorwiegend gegen Erkältungskrankheiten. Auch einige der im Kapitel „Sirup aus Kräutern" genannten Siruparten können eigentlich als Hausmittel gelten, schmecken aber auch verdünnt ganz köstlich. Die im Folgenden angeführten Siruparten werden pur und nicht verdünnt eingenommen.

In den meisten Rezepten ist daher auch kein Säurezusatz vorgesehen. Wegen des geringen Zuckergehalts sind daher einige der angeführten Sorten nicht zum Verkauf als Sirup geeignet. Der Zucker dient hier eigentlich nur dazu, den zum Teil strengen Geschmack der geschmacksgebenden Komponente zu überdecken. Diese Siruparten müssen in erster Linie wirken, guter Geschmack ist aber natürlich auch kein Hindernis. Für die meisten liegt die empfohlene Dosis bei 3 x 1 bis 2 Esslöffel pro Tag, für Kinder deutlich niedriger.

MAIWIPFERLSIRUP

1 l Fichtenspitzen – Maiwipferl
³/₄ l Wasser
750 g Zucker
Saft einer Zitrone

Die Wipferl mit dem Wasser aufkochen und nach etwa 10 Minuten abkühlen lassen, durchseihen und die weichen Spitzen ausdrücken. Das ausgetretene Harz färbt den Saft milchig-weiß. Diesem Auszug fügt man den Zucker und den Saft von 1 Zitrone hinzu, lässt alles aufkochen und reduziert bei mittlerer Hitze, bis der Saft schön dickflüssig wird.

Der zuerst weißlich trübe Saft färbt sich dabei rostrot. Anschließend heiß abfüllen und die Flaschen für wenige Minuten umlegen.

Dieser Sirup bringt bei Erkältungen wohltuende Linderung.

Tipp

Verwenden Sie einen großen Topf, da der Sirup manchmal ziemlich schäumt.

SPITZWEGERICHSIRUP

**einige Handvoll Blätter (je nach Glasgröße)
Zucker**

Spitzwegerichblätter lassen sich gut im Sommer ernten. Die frisch gewaschenen, gut ausgedrückten und fein geschnittenen Blätter schichtet man abwechselnd mit Kristallzucker lagenweise in ein gut verschließbares Glasgefäß. Ich verwende Kompottgläser mit Drahtbügel und Gummidichtung dafür.

Auf eine 2 cm dicke Blätterschicht kommt etwa 1 cm Zucker. Wichtig ist, dass die Lagen gut mit der Hand zusammengepresst werden, damit die Luft entweichen kann. Wenn kein Platz mehr für weitere Zucker- und Blätterlagen vorhanden ist, verschließt man das Glas und lagert es etwa 3 Monate lang an einem dunklen Platz bei gleichmäßiger Temperatur.

Nach der Lagerung leert man vorsichtig das Glas, erhitzt die Sirupmasse, filtriert heiß durch ein Geschirr- oder Mulltuch und füllt den Sirup in Flaschen ab. Kalt lässt sich der Sirup nicht so leicht auspressen.

> **Tipp**
>
> **Spitzwegerichsirup wird häufig zur Linderung von Hustenreiz eingenommen.**

YSOPSIRUP

**2 Handvoll blühende Triebspitzen
1 l Wasser
1,5 kg Zucker**

Die blühenden Triebspitzen mit 1 l heißem Wasser übergießen und etwa 15 Minuten ziehen lassen. Anschließend die Triebspitzen abseihen und je Liter Sud 1,5 kg Zucker in die noch warme Flüssigkeit einrühren. Nochmals kurz auf etwa 75 °C erhitzen, nicht aufkochen und abfüllen.

Ysopsirup wird gegen Husten und Halsentzündung empfohlen.

RETTICHSIRUP

1 große Rettichknolle
Kandis- oder Kristallzucker

Man höhlt den Rettich etwas aus, durchsticht ihn ganz mit einer Strick-nadel und stellt ein Gefäß darunter. In die Aushöhlung füllt man den Zu-cker. Der Zucker löst sich mit dem Saft und den Inhaltsstoffen aus dem Rettich und tropft als Sirup durch das Loch in das unter den Rettich ge-stellte Glas.

Nehmen Sie von diesem Sirup mehrmals täglich 2 Esslöffel. Er wirkt bei Husten schleimlösend.

FEIGENSIRUP

5 getrocknete Feigen
¼ l Wasser
Saft einer Zitrone

5 getrocknete Feigen in ganz kleine Stücke zerschneiden **(Abb. 1)** und in ¼ Liter Wasser langsam zum Kochen bringen **(Abb. 2)**. So lange kochen, bis ein Sirup entsteht. Den Saft einer ganzen Zitrone hinzufügen und noch-mals kurz aufkochen lassen. Heiß durch ein Sieb gießen **(Abb. 3).**

Zur Verfeinerung des Geschmacks kann man den frischen Sirup auf etwa 40 °C abkühlen lassen und einen EL Bienenhonig untermischen.

> ### Tipp
> **Feigensirup gilt als altes und mildes Hausmittel gegen Ver-stopfung. Abends vor dem Schlafengehen einen Esslöffel eingenommen, wirkt er ähnlich abführend wie gequollenes Dörrobst.**

1

2

3

Nektarrezepte

Die im folgenden Teil angeführten Rezepte passen zu Früchten mit durchschnittlichem Zucker- und Säuregehalt. Bei Früchten, die extrem süß oder extrem sauer sind, ist es notwendig die Rezeptur dementsprechend zu verändern. Abweichungen in den Ausgangsfrüchten machen sich im Nektar weitaus stärker bemerkbar als im Sirup.

BIRNENNEKTAR

1 kg Birnen, geschält und das Kerngehäuse entfernt
900 ml Wasser
150 g Zucker
1 EL Zitronensäure
evtl. 1 TL Ascorbinsäure

Bei der Verarbeitung von Birnen ist der richtige Reifegrad besonders wichtig. Die Früchte müssen vollreif sein, dürfen aber noch nicht überreif, also im Inneren noch nicht braun, sein. Diese Früchte werden geschält, von Kerngehäuse und Stängel befreit und gewogen. Anschließend schneidet man die Birnen in kleine Stücke und kocht sie mit dem Wasser und der Zitronensäure auf. Anstelle der Zitronensäure kann man auch zwischen $1/16$ und $1/8$ l Zitronensaft beimischen.

Sobald die Birnenstücke im Inneren aufgeweicht sind, püriert man sie oder passiert sie durch die „Flotte Lotte". Deutlich einfacher und rascher funktioniert es mit dem Pürierstab. Danach setzt man den Zucker zu, erhitzt, wenn notwendig, nochmals auf 80–85 °C und füllt den Nektar anschließend in die vorbereiteten Flaschen ab.

Nach dem Verschließen sind die Flaschen sofort umzulegen, um auch die Keime am Verschluss zu inaktivieren.

Wer auch noch nach einem Jahr noch einen hellen Nektar auf Vorrat haben möchte, setzt vor dem Füllen noch einen Teelöffel Ascorbinsäure (Vitamin C) zu und füllt dann ab.

Tipp

Das Rezept gelingt besonders gut mit Williams-Christ-Birnen.

TRAUBENNEKTAR

1 l Weintraubensaft
1 l Wasser
80–150 g Zucker
bis zu 1 EL Zitronensäure

Für den Traubennektar können für Zucker und Säure keine genauen Werte angegeben werden, da diese beiden Inhaltsstoffe in der Traube in stark unterschiedlichen Mengen vorkommen. Bei sehr süßen Trauben verwendet man weniger Zucker und mehr Zitronensäure bzw. mehr Zucker und weniger Säure, wenn die Früchte eher sauer sind.

Den Traubensaft mit Wasser, Zucker und gegebenenfalls anderen Zutaten vermischen, auf etwa 80 °C erhitzen und heiß abfüllen. Die Flaschen nach dem Befüllen sofort verschließen und für einige Minuten umlegen.

PFIRSICHNEKTAR

1 kg Pfirsiche
1 l Wasser
150 g Zucker
1 EL Zitronensäure
1 Msp. Ascorbinsäure

Die Pfirsiche werden gewaschen, halbiert und entkernt. Anschließend zerkleinert man die Pfirsichhälften und kocht sie in einem Teil des Wassers auf. Wer die Früchte geschält hat, kann sie nun mit dem Pürierstab zerkleinern, ohne später die Reste der Haut im fertigen Nektar vorzufinden. Wer das nicht möchte, muss die weich gekochten Pfirsiche durch eine Passiermaschine (Flotte Lotte) zu Pfirsichmark verarbeiten.

Das Pfirsichmark zuckert man, setzt Ascorbinsäure zum Schutz vor Bräunungen zu und säuert mit Zitronensäure auf. Das Ganze erhitzt man erneut auf 80–85 °C und füllt es dann in die vorbereiteten Flaschen ab. Nach dem Verschließen sind die Flaschen sofort umzulegen.

Fruchtfasern sind typisch für den Pfirsich. Sie lassen sich auch nicht auspassieren oder mit dem Stabmixer pürieren. Sie stören aber weder Geruch noch Geschmack und sind deutliches Indiz der Eigenproduktion.

KORNELKIRSCHENNEKTAR

1 l Kornelkirschenmark
1 l Wasser
175 g Zucker

Um aus den Kornelkirschen ein Mark gewinnen zu können, muss man sie erst in etwas Wasser aufkochen und dann passieren.

Das Kornelkirschenmark nach dem Passieren noch so fein zerkleinern wie möglich, mit Wasser und Zucker trinkfertig machen, erhitzen und mit 80 °C in die vorbereiteten Flaschen abfüllen. Diese sofort verschließen und umlegen.

MARILLEN-/APRIKOSENNEKTAR

1 kg Marillen/Aprikosen, entkernt
1 l Wasser
150 g Zucker
1 TL Zitronensäure
1 Msp. Ascorbinsäure

Unreife Marillen/Aprikosen haben nur wenig Aroma; sie trotzdem zu verarbeiten, bringt niemals intensive Erzeugnisse. Vollreife, schon fast überreife Marillen/Aprikosen werden halbiert und entkernt. Die Marillen-/Aprikosenhälften schneidet man noch ein bisschen kleiner, versetzt sie mit ½ l Wasser und kocht sie dann auf. Durch ständiges Rühren bildet sich schon im Topf ein Mark aus den Marillen/Aprikosen, welches anschließend durch die „Flotte Lotte" passiert werden kann.

Das restliche Wasser rührt man dann mit dem Zucker und der Zitronensäure in das Mark ein und mixt mit dem Pürierstab einmal kurz auf. Die noch ziemlich warme Fruchtmasse erhitzt man erneut auf etwa 80–85 °C und füllt sie dann in die vorbereiteten Flaschen ab. Nach dem Verschließen sind die Flaschen sofort umzulegen.

Fruchtfasern sind auch typisch für die Marille/Aprikose, sie lassen sich nicht auspassieren und auch nicht mit dem Stabmixer pürieren. Sie stören weder in Geruch oder Geschmack, sondern beweisen die Eigenerzeugung.

SANDDORNNEKTAR

1 kg Sanddorn
Wasser

Die Beeren mit Wasser bedeckt aufkochen lassen, auf 50 °C abkühlen lassen, mit pektolytischem Enzym versetzen und nach etwa 2 Stunden abpressen. Der Saft ist recht säuerlich, wer es gern süßer mag, kann den Saft mit 100 g Honig versetzen.

Vor dem Abfüllen auf etwa 80 °C erhitzen, sofort nach dem Füllen verschließen und die Flaschen für wenige Minuten umlegen.

QUITTENNEKTAR

2 l Quittensaft
1 l Wasser
200 g Zucker

Schon nach dem Pressen ist der Quittensaft relativ klar. Wenn man den Saft mit 1 l Wasser vermischt, ist der Pektingehalt im Saft schon weit reduziert und Probleme mit dem Gelieren daher eher unwahrscheinlich. Damit der Nektar auch nach dem Heißfüllen sicher nicht gelieren kann, ist die Zugabe eines pektinspaltenden Enzyms notwendig.

Je nach Sorte kann der Zusatz von etwas Zitronensäure notwendig sein. Bei recht saurem Saft ist das nicht notwendig.

Im Zuge der Lagerung kann es zur Flockenbildung in der Flasche kommen. Dabei handelt es sich um Gerbstoffe, die ausfallen. Um das zu verhindern, muss im Saft eine Gelatineschönung durchgeführt werden. Für den Eigenbedarf kann diese völlig unbedenkliche Trübung ignoriert werden.

WEICHSEL-/SAUERKIRSCHENNEKTAR

1 kg Weichseln/Sauerkirschen, entkernt
1 l Wasser
150 g Zucker

Die Weichseln/Sauerkirschen mit einem Teil des Wassers und dem Zucker aufkochen und mit einem Mixstab oder Ähnlichem fein zerkleinern.

Anschließend das restliche Wasser in den Zucker einrühren, nochmals erhitzen und bei etwa 80 °C in die vorbereiteten Flaschen füllen. Diese sofort verschließen und umlegen.

ERDBEERNEKTAR

**1 kg Erdbeeren
1 l Wasser
140 g Zucker
1 EL Zitronensäure
1 TL Ascorbinsäure**

Zuerst sind die Erdbeeren zu waschen, der Kelch zu entfernen und die Früchte anschließend zu zerkleinern und zu erhitzen. Zucker, Zitronensäure, Ascorbinsäure und portionsweise Wasser mit dem Pürierstab in das Mark einrühren, auf 80 °C erhitzen, heiß abfüllen, verschließen und die Flaschen für einige Minuten umlegen.

Leider färbt sich der Nektar unabhängig von der Sorte, der Zitronen- oder Ascorbinsäure nach mehrmonatiger Lagerung grau-rot. Erdbeernektar sollte daher in den ersten 3 Monaten nach seiner Herstellung, solange er noch eine hellrote Farbe aufweist, konsumiert werden.

Tipp

Erdbeernektar eignet sich hervorragend als Basis für Mixgetränke mit Sekt oder anderen Säften. Auch für Desserts empfiehlt sich dieses zähflüssige Erdbeererzeugnis recht gut.

RIBISEL-/JOHANNISBEERNEKTAR

**1 l Ribisel-/Johannisbeersaft
2 l Wasser
270 g Zucker**

Die Ribiseln/Johannisbeeren entweder über den Dampfentsafter oder durch Aufkochen entsaften. Nach dem Abkühlen enzymieren und abpressen. Dabei ist es nicht notwendig, die Beeren zu entstielen. Der Pektinabbau ist bei Schwarzen Ribiseln/Johannisbeeren für viele Produzenten größerer Mengen ein Muss, bei der Herstellung von Kleinmengen kann darauf verzichtet werden, sofern man nicht mehr Zucker zusetzt, als in diesem Rezept angegeben.

Auf einen Liter Ribisel-/Johannisbeersaft benötigt man 2 l Wasser. Man mischt das Wasser und den Zucker mit dem Saft, setzt den Zucker zu und erhitzt das Ganze. Bei einer Temperatur zwischen 80 °C und 85 °C füllt man den Nektar in die vorbereiteten Flaschen ab, verschließt diese sorgfältig und legt die Flaschen für wenige Minuten um.

Tipp

Schwarze Ribiseln/Johannisbeeren oder ein Gemisch aus schwarzen und roten Beeren ist besser zur Herstellung von Nektar geeignet als nur Rote Ribiseln/Johannisbeeren allein, da die Schwarzen Ribiseln/Johannisbeeren weitaus geschmacksintensiver sind als die roten.

Cocktails mit Sirup und Nektar

Alkoholfreie Cocktails

Alkoholhältige Cocktails

Sowohl Nektar als auch Sirup sollen intensiv gefärbt sein und sehr aromatisch schmecken. Damit sind sie auch perfekter Rezeptbestandteil von so manchem Cocktail. In diesem Kapitel sind einige Rezepte mit den Bestandteilen Sirup und Nektar angeführt.

> Genau wie bei allen anderen Rezepten ist es mir wichtig zu sagen:
> Es gibt kein Getränk, das jedem schmeckt.

Daher betrachten Sie die im folgenden angeführten Rezepte als Vorschläge, die sie selbst nach Herzenslust verändern, verbessern und nach ihren eigenen Wünschen und Vorstellungen verfeinern können – ja sogar verändern sollen.

Die meisten der hier angeführten Cocktails sind an bekannte Rezepturen angelehnt und bei einzelnen Bestandteilen in Richtung von Sirup oder Nektar abgewandelt. Die Anzahl von Cocktailrezepten ist schier unerschöpflich, versuchen Sie, probieren Sie, und wenn Sie ihre Wunschrezeptur gefunden haben – dann genießen Sie.

Alkoholfreie Cocktails

SUMMER DELIGHT

2 cl Zitronensaft
2 cl Himbeersirup
Sodawasser zum Auffüllen
4 Himbeeren
2 Limettenscheiben

Saft und Sirup im Long-Drink-Glas zusammen mit Eiswürfeln vermengen, mit dem Soda auffüllen und umrühren. Die Himbeeren ins Glas dazugeben und die Limettenscheibe als Dekoration auf den Glasrand stecken. Mit einem Strohhalm servieren.

SONNENUNTERGANG

6 cl	**Apfelsaft**
6 cl	**Birnennektar**
2 cl	**Zitronensaft**
2 cl	**Himbeersirup**

Die gut gekühlten Zutaten Apfelsaft, Birnennektar und Zitronensaft in einem Cocktailshaker gut miteinander vermischen und in ein schlankes hohes Cocktailglas (evtl. in eine Sektflöte) füllen.

Zum Schluss den Himbeersirup langsam auf der Seite einrieseln lassen, damit er sich unten im Glas absetzen kann. Mit Früchten der Saison dekorieren.

Rezept: Familie Bischof (www.einmaliges.at)

APPLE COOL

8 cl Apfelsaft
8 cl Bitter Lemon
2 cl Erdbeersirup
2 cl Zitronensaft
Cocktailkirsche

Die Zutaten im Shaker gut schütteln oder auf eine andere Art gut vermischen und in ein Longdrinkglas mit Eiswürfeln abseihen. Die Cocktailkirsche auf ein Plastikspießchen stecken und als Dekoration über den Glasrand legen.

CHERRY DREAM

8 cl Orangensaft
8 cl Kirschennektar
2 cl Sahne
1 cl Mandelsirup
1 cl Grenadinesirup

Alle Zutaten gut „shaken" und durch ein Barsieb in ein Longdrinkglas auf ein paar Eiswürfel abgießen. Dekoriert wird der Cherry Dream mit einem Fruchtspieß.

WEISSE ROSE

Gekühltes Sodawasser
2 cl Holunderblütensirup
2 cl Limetten- oder Zitronensaft
Crushed Ice
Zitronenmelissenblätter

Den Limettensaft und den Sirup in einem gut verschlossenen Gefäß kräftig durchschütteln und auf die Gläser, gemeinsam mit den Eiswürfeln, aufteilen. Mit gut gekühltem Sodawasser auffüllen. Jedes Glas mit etwas frischer Zitronenmelisse garnieren.

Alkoholhältige Cocktails

SEKT MIT SCHUSS (BELLINI)

gut gekühlter Sekt
Pfirsichnektar

Ein etwas weniger voll eingeschenktes Sektglas wird mit Pfirsichnektar aufgefüllt. Ein vor allem dann gelungener Cocktail, wenn jemand einen nicht ganz trockenen Sekt bevorzugt.

Tipp

Zum „Verfeinern" von Sekt eignen sich auch Erdbeer- oder Himbeernektar bzw. Holunderblüten- und Schwarzer Ribisel-/ Johannisbeersirup.

RED MOJITO

4 cl Erdbeersirup
6 cl weißer Rum
½ Limette
1 TL Rohrzucker
6 Minzeblätter
etwas Sodawasser

Die Limette achteln, in ein Cocktailglas geben, den Rohrzucker darüberstreuen, die Minzeblätter beifügen und mit einem Stößel zerdrücken. Dabei aber die Blätter nicht zerkleinern.

Crushed Ice dazugeben und anschließend mit Erdbeersirup, weißem Rum und zuletzt mit kaltem Sodawasser auffüllen und mit einem schwarzen Strohhalm servieren.

MOJITO

5 cl weißer Rum
5 cl Zitronensirup
5 cl Sodawasser
1 Minzezweig
10 Minzeblätter

In einem Becherglas den Zitronensirup und die abgezupften Minzeblätter mit einem Stößel anquetschen bzw. nach unten drücken. Damit gibt die Minze ihre Aromen an den Zitronensirup ab, soll dabei aber nicht zerkleinert werden. Crushed Ice und weißen Rum dazugeben, umrühren, und mit kalten Sodawasser auffüllen.

Noch einmal kurz umrühren. Den Mojito mit einem in das Glas gesteckten Minzezweig garnieren und mit einem schwarzen Strohhalm servieren. Vor dem Trinken nochmals umrühren.

Tipp

Verwenden Sie für den Zitronensirup braunen Zucker, dann wird der Geschmack noch intensiver.

HIMBEERE HAVANA

5 cl weißer Rum
6 cl Himbeernektar
1 cl Zitronensirup

Die Zutaten werden im Shaker geschüttelt, anschließend in ein Cocktailglas mit etwas Crushed Ice gefüllt und noch einmal umgerührt. Das Glas dekoriert man mit einer Limettenscheibe und einer Himbeere und serviert es mit einem Strohhalm.

SEX ON THE BEACH

4 cl Tequila
6 cl Orangensaft
3 cl Pfirsichnektar
1 Spritzer Grenadinesirup

Alle Zutaten im Shaker schütteln und in ein mit etwas Crushed Ice gefülltes Glas abseihen. Anschließend mit einer Orangenscheibe dekorieren und mit einem Strohhalm servieren.

HOLLA-COLADA

50 ml brauner Rum
50 ml Ananassaft
30 ml Holunderblütensirup
20 ml Kokosnusscreme
20 ml Schlagsahne

Zutaten im Shaker vermischen, in ein großes Becherglas auf Eis abseihen und mit einem Ananasstück und einer Cocktailkirsche garnieren.

SCHNEEHASERL

4 cl   Apfelbrand
10 cl Birnennektar
2 cl   Holunderblütensirup
6 cl   Sahne

Den Cocktailshaker mit einigen Eiswürfeln und den Zutaten befüllen und kräftig schütteln. Anschließend den Cocktail in passende Gläser (mit Eiswürfeln) füllen und mit einer Apfelscheibe dekorieren.

Rezept: Familie Bischof (www.einmaliges.at)

Anhang

Rechtliche Vorschriften

Für die Herstellung von Lebensmitteln für den Eigenbedarf sind es Aussehen, Geschmack und Haltbarkeit, die den Verarbeitungsweg bestimmen. Wer selbst hergestellte Produkte auch in den Verkauf bringen möchte, muss zusätzlich die geltende Rechtslage beachten. Egal ob es sich um die Kennzeichnung oder die Zulassung von Inhaltsstoffen handelt, vieles um die Gewinnung und Vermarktung eines Lebensmittels ist geregelt. Obwohl die Vorschriften in diesem Werk der aktuellen Gesetzeslage entsprechen, kann es sein, dass sich die Rahmenbedingungen verändern. Im Zweifelsfall informieren Sie sich bei Interessensvertretungen oder bei der Lebensmittelkontrolle.

Die Bestimmungen für Sirup und Nektar in Österreich sind im österreichischen Lebensmittelcodex und der Fruchtsaftverordnung zu finden. Besonders beim Nektar sind diese Bestimmungen über weite Bereiche gleich lautend mit der EU-Verordnung und daher in Deutschland und auch der Schweiz sehr ähnlich geregelt. Im Internet finden sich diese Bestimmungen derzeit auf der Seite: **http://eur-lex.europa.eu/de/index.htm**

Für die Produzenten von Säften und ähnlichen Getränken primär wichtige Richtlinien sind:
RICHTLINIE 2001/112/EG vom 20. Dezember 2001 über Fruchtsäfte und bestimmte gleichartige Erzeugnisse für die menschliche Ernährung (ABl. L 010 vom 12/01/2002)
RICHTLINIE Nr. 95/2/EG vom 20. Februar 1995 über andere Lebensmittelzusatzstoffe als Farbstoffe und Süßungsmittel (ABl. L 61 vom 18. 3. 1995)

Bestimmungen für Österreich

Zu finden auf: *http://www.ris.bka.gv.at*

Fruchtsaftverordnung, 83. Verordnung, BGBl. vom 16. Februar 2004, Wien

Codex Alimentarius Austriacus

Kapitel B 6, Sirup

Kapitel B 7, Fruchtsäfte und gleichartige Erzeugnisse

Bei der Vermarktung von Sirup und Nektar müssen die rechtlichen Vorschriften eingehalten werden

Bestimmungen für Deutschland

Zu finden auf: *http://bundesrecht.juris.de*

Fruchtsaftverordnung, 1016. Verordnung, BGBl. vom 24. Mai 2004

Deutsches Lebensmittelbuch: Leitsätze Fruchtsäfte und Leitsätze Obsterzeugnisse

Bestimmungen für die Schweiz

Zu finden auf: *http://www.admin.ch*

Lebensmittelverordnung vom 1. März 1995 (LMV)

Schweizer Lebensmittelbuch, Kapitel 28 Frucht- und Gemüsesäfte, Nektare u. a.

Bestimmungen für Nektar

Fruchtnektar ist ein Getränk, das durch Zusatz von Wasser und Zucker aus Fruchtsaft oder Fruchtmark oder einem Gemisch von beiden hergestellt wurde.

Fruchtnektar wird in Österreich und Deutschland durch die Fruchtsaftverordnung geregelt, die sich an der Richtlinie des EU-Rates orientiert.

Der Zusatz von Zucker darf höchstens 20 % des Gesamtgewichts des fertigen Erzeugnisses aufweisen. Diesen Wert erreicht man aber so gut wie nie. Wer andere Zuckerarten außer dem handelsüblichen Kristallzucker verwenden möchte, muss sich vorher in der Süßungsmittelrichtlinie oder der Zuckerverordnung über die zugelassenen Zuckerarten informieren bzw. entsprechende Beratungsstellen konsultieren.

Maximal 5 g/l Zitronensäure zur Korrektur des Säuregehaltes

Pro Liter Nektar dürfen bis zu 5 g Zitronensäure zur Korrektur des Säuregehalts zugesetzt werden. Der Zusatz von Ascorbinsäure zur Verringerung von Bräunungen ist unter Deklaration gestattet.

Die prozentuellen Mindestfruchtgehalte aller in der Verordnung angeführten Nektarfrüchte sind in der folgenden Tabelle angeführt.

I. Früchte mit saurem Saft, die zum unmittelbaren Genuss als Fruchtsaft nicht geeignet sind:

(siehe Tabelle auf der nächsten Seite)

Obstart	Mindestfruchtgehalt
Ribiseln/Johannisbeeren	25 %
Passionsfrucht	25 %
Quito-Orangen	25 %
Sanddorn	25 %
Zitronen und Limetten	25 %
Vogelbeeren/Ebereschen	30 %
Pflaumen	30 %
Preiselbeeren	30 %
Schlehen	30 %
Stachelbeeren	30 %
Zwetschken	30 %
Weichseln/Sauerkirschen	35 %
Marillen/Aprikosen	40 %
andere Kirschen	40 %
Brombeeren	40 %
Erdbeeren	40 %
Hagebutten	40 %
Heidelbeeren	40 %
Himbeeren	40 %
Holunderbeeren	50 %
Quitten	50 %

II. Säurearme oder sehr aromatische Früchte oder Früchte, die viel Fruchtfleisch enthalten und die zum unmittelbaren Genuss als Fruchtsaft nicht geeignet sind:

Obstart	Mindestfruchtgehalt
Mangos	25 %
Bananen	25 %
Guaven	25 %
Papayas	25 %
Litschis	25 %
Acerolas	25 %
Stachelannonen	25 %
Netzannonen	25 %
Cherimoyas	25 %
Granatäpfel	25 %
Kaschuäpfel	25 %
Mombinpflaumen	25 %
Imbus	25 %

III. Früchte mit zum unmittelbaren Genuss geeignetem Saft:

Obstart	Mindestfruchtgehalt
Äpfel	50 %
Beeren	50 %
Pfirsiche	50 %
Zitrusfrüchte, außer Zitronen und Limetten	50 %
Ananas	50 %

Etikettierung Nektar

Die Kennzeichnung der Produkte für den Verkauf muss entsprechend den geltenden Vorschriften erfolgen. Am Etikett einer Nektarflasche müssen folgende Kennzeichnungselemente vorhanden sein:

- **Sachbezeichnung** unter Angabe der Frucht in Verbindung mit dem Wort „-nektar"
- Bei Nektar aus Fruchtmark die Angabe **„fruchtfleischhaltig"**
- In unmittelbarem Zusammenhang damit der **Fruchtanteil** „Fruchtgehalt: mind. %"; bei Pfirsich 50 %, Marille/Aprikose 40 %, Birne 50 %
- **Zutaten** in absteigender Reihenfolge der verwendeten Mengen. Bei den Zutaten muss angeben werden, wofür sie verwendet werden. So muss beispielsweise der Zusatz von Zitronensäure mit „als Säuerungsmittel Zitronensäure" oder der von Ascorbinsäure mit „als Antioxidans Ascorbinsäure" gekennzeichnet werden. Statt der Angabe des einzelnen Stoffes kann auch die jeweilige E-Nummer angegeben werden.
- **Nettofüllmenge:** Am Etikett ist die Nettofüllmenge anzugeben.
- **Losnummer:** Werden beim Mindesthaltbarkeitsdatum nur das Monat und das Jahr oder nur das Jahr angegeben, muss am Produkt eine Chargennummer aufscheinen, durch die im Falle einer Beanstandung das Produkt rückverfolgbar ist.
Diese Chargennummer kann frei gewählt werden, es empfiehlt sich aber hierbei eine Buchstaben-Zahlenkombination zu verwenden, die z. B. mit dem Abfülldatum in Verbindung steht. Außerdem muss der Chargennummer der Buchstabe „L" vorausgestellt sein, außer die Chargennummer unterscheidet sich deutlich von allen anderen Angaben auf der Flasche.
- **Hersteller** (Name, Adresse und Telefonnummer)
- **Mindesthaltbarkeit:** Die Angabe der Haltbarkeitsdauer liegt im Ermessen des Produzenten. Üblicherweise wird für Nektar eine Haltbarkeitsdauer von mehr als 18 Monaten gewählt. Daher muss das Etikett die Bezeichnung „mindestens haltbar bis Ende ... (Monat und Jahr)" enthalten.
- **„Nach dem Öffnen kühl aufbewahren"**

Bei den Zutaten muss angegeben sein, wofür sie verwendet werden

Musteretikett für einen Pfirsichnektar (links) und einen Apfel-Himbeer-Sirup (rechts)

Bestimmungen für Sirup

Sirup ist eine stark zuckerhaltige aromatische Grundlage, aus der durch Wasserzusatz ein Getränk zubereitet wird.

Sirupe werden in Österreich gemäß Codexkapitel B6 aus Zucker („süßende Kohlenhydrate") und aromagebenden Bestandteilen erzeugt. Zum Säuern können Zitronensaft, Weinsäure, Zitronensäure, Apfelsäure oder Milchsäure herangezogen werden. Als Zucker („süßende Kohlenhydrate") dürfen Halbweißzucker, Dextrose, Glucosesirup, Flüssigzucker, Invertflüssigzucker, Fructose und Fruchtsüße, konzentrierter Traubenmost, karamellisierter Zucker, Honig oder ähnliche natürliche Kohlenhydrate verwendet werden.

Der Trockensubstanzgehalt für Obstsirup muss derzeit mindestens 55 Brix betragen (im Zweifelsfall empfiehlt es sich, eine Produktanalyse in einem dafür eingerichteten Labor vornehmen zu lassen). Für Kräutersirup liegt dieser Wert mit 45 Brix etwas tiefer.

Trockensubstanzgehalt für Obstsirup: mind. 55 Brix
Kräutersirup: mind. 45 Brix

Kräutersirupe werden aus Zucker und natürlichen Pflanzenextrakten hergestellt.

Sonstige Sirupe sind eine Mischung aus Zucker mit geschmackgebenden Bestandteilen wie Holunderblüten, Rosenblätter, Jasmin oder Ähnlichem.

Etikettierung Sirup

Die Kennzeichnung der Produkte für den Verkauf muss entsprechend den geltenden Vorschriften erfolgen. Am Etikett einer Sirupflasche müssen folgende Kennzeichnungselemente vorhanden sein:

Musteretikett für einen Holunderblütensirup

■ **Sachbezeichnung** unter Angabe der Frucht in Verbindung mit dem Wort „-sirup". Bei Kräutersirup gilt entweder dieser Begriff selbst oder die aromagebende Substanz in Verbindung mit dem Wort „-sirup", beispielsweise „Himbeersirup" oder „Holunderblütensirup".

- **Fruchtanteil:** Bei der Erzeugung von Obstsirup muss der entsprechende Anteil an Fruchtsaft in Prozent extra unter dem Produktnamen angegeben werden, „Fruchtsaftanteil 35 %".
- **Verdünnungsverhältnis:** Das für den Konsumenten notwendige Verdünnungsverhältnis von Sirup muss am Etikett angegeben werden. Das Verdünnungsverhältnis ist nicht vorgeschrieben und wird in der Regel zwischen 1 : 4 und 1 : 8 liegen. Die Angabe am Etikett lautet hier z. B. „Verdünnungsverhältnis 1 : 6".

Bei Zutaten muss angegeben werden, wofür sie verwendet werden

- **Zutaten** in absteigender Reihenfolge der verwendeten Mengen. Bei den Zutaten muss angeben werden, wofür sie verwendet werden. So muss beispielsweise der Zusatz von Zitronensäure mit „als Säuerungsmittel Zitronensaure" oder der von Ascorbinsaure mit „als Antioxidans Ascorbinsäure" gekennzeichnet werden. Statt der Angabe des einzelnen Stoffes kann auch die jeweilige E-Nummer angegeben werden.
- **Nettofüllmenge:** Am Etikett ist die Nettofüllmenge anzugeben.
- **Losnummer:** Wenn beim Mindesthaltbarkeitsdatum nur das Monat und das Jahr oder nur das Jahr angegeben werden, muss am Produkt eine Chargennummer aufscheinen, durch die im Falle einer Beanstandung das Produkt rückverfolgbar ist. Diese Chargennummer kann frei gewählt werden, es empfiehlt sich aber hierbei eine Buchstaben-Zahlenkombination zu verwenden, die z. B. mit dem Abfülldatum in Verbindung steht. Außerdem muss der Chargennummer der Buchstabe „L" vorausgestellt sein, außer die Chargennummer unterscheidet sich deutlich von allen anderen Angaben auf der Flasche.

Chargennummer zur Rückverfolgbarkeit des Produktes

- **Hersteller** (Name, Adresse und Telefonnummer)
- **Mindesthaltbarkeit:** Die Angabe der Haltbarkeitsdauer liegt im Ermessen des Produzenten. Üblicherweise wird für Sirup eine Haltbarkeitsdauer von mehr als 18 Monaten gewählt, daher muss das Etikett die Bezeichnung „mindestens haltbar bis Ende ... (Monat und Jahr)" enthalten.
- **Lagerbedingungen** oder erforderliche Lagerhinweise sind am Etikett anzubringen, wenn sie für die Haltbarkeit des Produkts von Bedeutung sind, beispielsweise „nach dem Öffnen kühl aufbewahren".

Berechnungen zur Rezepturerstellung

Auch wenn wir jedes Jahr die gleichen Früchte verarbeiten, so ergeben sich doch immer Unterschiede. Einmal sind die Früchte extrem süß, im nächsten Jahr vielleicht eher sauer. Die verbreiteten Standardrezepte können darauf allerdings keine Rücksicht nehmen.

Entscheidend für den Geschmack des fertigen Produkts sind:

■ Fruchtgehalt
■ Zuckergehalt
■ Säuregehalt

Möchte man jedes Jahr ein Produkt von annähernd gleichem Geschmack herstellen, benötigt man dafür ein Rezept, das die unterschiedlichen Gegebenheiten der einzelnen Jahre berücksichtigt.

Für die Harmonie im Geschmack sind Zucker- und Säuregehalt ausschlaggebend. Die Einheit, in der der Zuckergehalt angegeben wird, ist „BRIX", 1 % Zucker = 1 Brix. Der Säuregehalt wird in ‰ angegeben, wobei 1 ‰ einem Säuregehalt von 1 g/l entspricht.

> 1 Brix = 1 % Zuckergehalt
> 1 ‰ = 1 g Säure je Liter

Die hier angeführten Berechnungen sind eher für Direktvermarkter interessant, für den Eigenbedarf ist ein genaues Rechnen nicht so notwendig.

Berechnung für den Nektar

Anhand des folgenden Beispiels lässt sich am besten ersehen, wie die Berechnung der Zusatzstoffe von Nektar vor sich geht.

Vom Gesetzgeber wurde für Nektar ein Mindestfruchtgehalt definiert. Dieser muss mit den in Verkehr gebrachten Produkten erreicht werden. Für die Eigenversorgung haben diese Werte nicht so eine große Gültigkeit, man sollte sich aber doch einigermaßen daran halten. Pfirsichnektar beispielsweise muss zu mindestens 50 % aus Früchten hergestellt werden, Ribisel-/Johannisbeernektar nur zu 25 % aus Ribisel-/Johannisbeersaft. Diese starke Verdünnung braucht man bei so sauren Früchten, um überhaupt ein harmonisches Getränk herstellen zu können.

Wählt man tiefere Fruchtgehalte, vermindert sich der Fruchtgeschmack, höhere Anteile machen fruchtfleischhaltigen Nektar zu zähflüssig und blanken Nektar meistens unharmonisch süß oder sauer.

Die Mindestfruchtgehalte sollten auch für den Eigenbedarf ungefähr eingehalten werden.

Zuckergehalt

Zucker verleiht dem Nektar eine gewisse Fülle und unterstützt manche Aromen. Nach dem Wasserzusatz schmeckt der Saft eher fad und dünn. Erst nach dem Zusatz von Zucker entwickeln manche Früchte ihr ganzes Aroma. Ein Zuviel an Zucker macht Nektar allerdings wieder unharmonisch.

Im Normalfall bewegt sich der Zuckergehalt von Nektar zwischen 10 und 15 %. Wer den Nektar pur genießen möchte, wählt den niedrigeren, wer den Nektar gespritzt konsumiert, wählt den höheren Wert.

Säuregehalt

Durch Wasser und Zuckerzusatz verdünnen sich die natürlichen Fruchtsäuren. Ohne korrigierenden Zusatz einer Säure bliebe der Geschmack sonst leer und fad. Erst der Zusatz einer Säure bringt wieder eine gewisse Frische in das Getränk.

Bei von Natur aus sauren Früchten wie Weichseln/Sauerkirschen oder Ribiseln/Johannisbeeren ist oft kein Säurezusatz mehr nötig, aber Pfirsich- oder Birnennektar ohne Säurezusatz sind nicht wohlschmeckend. Angestrebt werden Säuregehalte von 4 bis 8 g/l. Wählen Sie wieder den höheren Wert, wenn der Nektar verdünnt getrunken werden soll.

> **Erst mit einem richtigen Zucker-Säure-Verhältnis schmeckt ein Nektar harmonisch**

1. Schritt: Berechnung der Menge Endprodukt

Über den Fruchtgehalt lässt sich die Menge des Endprodukts bestimmen, die notwendig ist, um die Menge der Zusätze richtig zu errechnen.

Aus der Angabe und der Menge des Fruchtmarks kann man die Menge des Endprodukts mit folgender Formel berechnen:

$$\frac{l\ \text{Mark} \times 100}{\text{Fruchtgehalt in \%}} = \textbf{Liter Endprodukt}$$

2. Schritt: Berechnung des Zuckerzusatzes

Um den Zuckerzusatz bestimmen zu können, benötigt man folgende Angaben:

- Zuckergehalt im Fruchtmark in Brix
- Gewünschter Zuckergehalt im Nektar in Brix
- Menge des Endprodukts
- Menge des Fruchtmarks

Zuerst errechnet man die Menge des Zuckers, die in der Gesamtmenge enthalten sein wird, und anschließend die Menge, die bereits im vorhandenen Mark enthalten ist. Die Differenz aus in der „Gesamtmenge Zucker" und „zur Zeit vorhanden" ergibt den notwendigen Zuckerzusatz.

Gesamtmenge in l/100 x Brix gewünscht =	kg
abzüglich	
vorhandener Zuckergehalt (l Mark/100 x Brix) =	kg
notwendiger Zuckerzusatz von	**kg**

3. Schritt Berechnung des Säurezusatzes

Die Berechnung des Säurezusatzes erfolgt nach demselben Prinzip wie beim Zucker.

Gesamtmenge in l x g/l Säure gewünscht =	g
abzüglich	
vorhandener Säuregehalt (l Mark x g/l) =	g
notwendiger Säurezusatz von	**g**

4. Schritt Berechnung des Ascorbinsäurezusatzes

Die Ascorbinsäure wirkt bereits in sehr geringen Mengen bräunungs-hemmend. In der Regel werden einem Liter Fertigprodukt 250 mg (= 0,250 g) Ascorbinsäure zugesetzt.

Gesamtmenge in l x g/l x 0,250 =	**g**

5. Schritt: Wasserzusatz

Zucker, Säure und Ascorbinsäure werden in einer kleinen Menge Wasser gelöst und zum Fruchtmark in den Mischbehälter gegeben. Anschließend wird der Behälter bis zur errechneten Menge Fertigprodukt mit Wasser aufgefüllt.

Der Wasserzusatz könnte aber auch errechnet werden:

l Fertigprodukt – (kg Zucker + kg Zitronensäure) x 0,62 – l Mark = **l Wasser**

Berechnungsbeispiel Marillen-/Aprikosennektar

Vorhanden sind 9 l Marillen-/Aprikosenmark mit einem Trockensub-stanzgehalt von 10 Brix und einem Säuregehalt von 5 g/l.

Wie viel Wasser, Zucker und Zitronensäure muss man zusetzen, um im Endprodukt 15 Brix, 6 g/l Säure und 45 % Fruchtgehalt zu erreichen? 15 Brix sind recht hoch, der Nektar soll aber Desserts verfeinern und, mit etwas Wasser verdünnt, getrunken werden.

Endprodukt

$$\frac{l \ Mark \ x \ 100}{Fruchtgehalt \ in \ \%} = \frac{900}{45} = \mathbf{20 \ l}$$

Zuckerzusatz

Gesamtmenge in l/100 x Brix gewünscht = 20/100 x 15 = 3 kg
abzüglich
vorhandener Zuckergehalt (l Mark/100 x Brix) = 9/100 x 10 = 0,9 kg
notwendiger Säurezusatz von   **2,10 kg**

Säurezusatz

Gesamtmenge in l x g/l Säure   = 20 x 6 = 120 g
abzüglich
vorhandener Säuregehalt (l Mark x g/l)   = 9 x 5 =   45 g
notwendiger Säurezusatz von   **75 g**

Ascorbinsäurezusatz

Gesamtmenge in l x g/l x 0,250 = 20 x 0,250 = **5g**

Wasserzusatz

l Fertigprodukt – (kg Zucker + kg Zitronensäure) x 0,62 – l Mark =
20 – (2,1 + 0,075) x 0,62 – 9 = **9,65 l**

→ Damit die 20 l Nektar 15 % Zucker enthalten, ist der Zusatz von 2,1 kg Zucker notwendig.
Damit die 20 l Nektar 6 g/l Säure enthalten, ist der Zusatz von 75 g Zitronensäure notwendig.
Damit im Nektar 250 mg/l Ascorbinsäure enthalten sind, ist der Zusatz von 5 g Ascorbinsäure notwendig.
Damit die gewünschten Werte erreicht werden, müssen diesem Nektar 9,65 l Wasser zugesetzt bzw. das Mark mit Wasser auf 20 l aufgefüllt werden.

Nach dem Zusatz von 2,10 kg Zucker, 75 g Zitronensäure, 5 g Ascorbinsäure und 9,65 l Wasser erhält man aus 9 l Marillen-/Aprikosenmark 20 l Marillen-/Aprikosennektar mit 15 Brix, 6 g/l Säure und einem Fruchtgehalt von 45 % – ein harmonisches Getränk.

Berechnung für den Sirup

Fruchtsirup liegt rechtlich zwischen 55 und 67 % Gesamtzuckergehalt. Um einen bestimmten Wert beim Zucker zu erreichen, muss daher der aus dem Fruchtsaft stammende Zucker mitberücksichtigt werden. Dessen Einfluss auf den Zuckergehalt im Endprodukt ist zwar nicht allzu groß, darf aber dennoch nicht vernachlässigt werden.

Gleiches gilt für den Säuregehalt in der Frucht. Um nach dem Verdünnen des Sirups ein harmonisches, wohlschmeckendes Getränk im Glas zu haben, muss der Säuregehalt in einem bestimmten Verhältnis zum Zuckergehalt stehen.

1. Schritt: Berechnung des Zuckerzusatzes

Um den Zuckerzusatz bestimmen zu können, benötigt man folgende Angaben:

- Zuckergehalt vom Fruchtsaft in Brix (entweder eine genaue Messung oder der Durchschnittswert aus einer Tabelle)
- Gewünschter Zuckergehalt im Sirup in Brix
- Menge an Fruchtsaft in kg (entspricht ziemlich genau der Menge in l)

Zur Berechnung der benötigten Zuckermenge verwendet man am besten eine Formel:

$$\frac{\text{kg Saft (oder Kräuterauszug)} \times (\text{Brix gewünscht im Fertigprodukt} - \text{Brix vorhandener Zucker})}{(100 - \text{Brix gewünscht im Fertigprodukt})}$$

Bei Sirup aus Kräutern oder Blüten gibt es keinen natürlich vorkommenden Zucker. In der Formel fügt man für vorhandenen Zucker den Wert „0" ein. Für die häufig angestrebten 60 % Trockensubstanz im Kräutersirup gibt es einen Trick: man multipliziert die Liter Wasser vom Ansatz mit 1,5 und erhält die benötigte Zuckermenge. Bei Fruchtsirup funktioniert das nicht, weil im Fruchtsaft auch Zucker enthalten ist, der in der Berechnung nicht ignoriert werden darf.

Sirupe aus Blüten oder Kräutern haben keinen natürlichen Zuckergehalt

2. Schritt: Berechnung des Säurezusatzes

Wie bereits im Kapitel über den Säurezusatz zu Sirup angeführt, streben wir im fertigen Produkt einen Säuregehalt zwischen 25 und 45 g je Liter an.

Zur Berechnung der benötigten Säuremenge brauchen wir folgende Werte:

- Menge an gezuckertem Saft oder Kräuterextrakt
- Säuregehalt vom Fruchtsaft in g/l
- Gewünschter Säuregehalt im Sirup in g/l

Den Säuregehalt der Frucht entnehmen wir am besten der Tabelle von Anhang 3, für Kräutersirup gilt wieder der Wert „0". Als gewünschten Säuregehalt wählen wir mit 30 g/l einen Mittelwert.

Die Menge von Fruchtsaft oder Ansatz misst man am besten mit einem Maßbehältnis (Messbecher oder Eimer) oder berechnet sie aus der Menge Saft und dem zugesetzten Zucker.

Die benötige Säuremenge berechnet man am besten folgendermaßen:

Liter Fruchtsaft + (kg Zucker x 0,625) = **Liter gezuckerter Saft**

Berechnungsbeispiel 1: Himbeersirup

Liter gezuckerter Ansatz x gewünschter Säuregehalt in g/l	= Gesamtsäuremenge in g
abzüglich	
Liter Fruchtsaft x Säuregehalt in g/l	= vorhandene Säure in g
notwendiger Säurezusatz von	**g**

Vorhanden sind 4 l Himbeersaft, gemäß der Tabelle aus dem Anhang mit 8 Brix bzw. 8 % Zucker und als Durchschnittswert 17 ‰ (entspricht 17 g/l) Säure. Angestrebt ist ein Zuckergehalt von 60 % im fertigen Sirup.

Zuckerzusatz

$$\frac{4 \times (60 - 8)}{(100 - 60)} = \textbf{5,2 kg}$$

Gesamtmenge:

Liter Fruchtsaft + (kg Zucker x 0,65) = 4 + 5,2 x 0,65 = **7,25 l**

Säurezusatz

Gesamtmenge in l x g/l Säure gewünscht =	7,25 x 30	=	217,5 g
abzüglich			
vorhandener Säuregehalt (l Himbeersaft x g/l) =	4 x 17	=	68 g
notwendiger Säurezusatz von			**149,4 g**

→ Damit im Sirup die angestrebten 60 % Gesamtzuckergehalt enthalten sind, ist der Zusatz von 5,2 kg Zucker notwendig. Dadurch steigt das Volumen von 4 auf 7,25 l an.

→ Damit im Sirup die angestrebten 30 g/l Säure enthalten sind, müssen etwa 150 g Säure in Form von Zitronensäure zugesetzt werden.

> **Durch den Zusatz von 5,2 kg Zucker und von 150 g Zitronensäure zu 4 l Himbeersaft erhält man etwa 7,25 l Sirup mit 60 % Trockensubstanz und 30 g Säure je Liter. Nach dem Verdünnen im Verhältnis 1 : 5 sind das 10 % Zucker und 5 g Säure je Liter – ein harmonisches Getränk.**

Berechnungsbeispiel 2: Holunderblütensirup

Ein Zusatz von Orangen- oder Zitronenschalen hat im normalen Ausmaß keinen nennenswerten Einfluss auf Zucker- oder Säuregehalt im fertigen Sirup. Sie brauchen in der Berechnung daher nicht berücksichtigt werden.

Ziel ist ein Sirup mit 60 % Gesamtzuckergehalt und einem Säuregehalt von 30 g/l.

Beim Ansetzen der Blüten wurden 4 l Wasser aufgegossen, sie fließen als „Saftmenge" in die Berechnung ein. Zucker und Säure sind in den Blüten in keinen relevanten Mengen enthalten. Die Berechnung des Zuckerzusatzes erfolgt mit der Formel:

Zuckerzusatz

$$\frac{4 \times (60 - 0)}{(100 - 60)} = \textbf{6 kg}$$

Bei Kräutersirup funktioniert auch die einfachere Berechnung des Zuckergehalts mit dem Faktor 1,5.

$$\text{kg oder l Aufgusswasser} \times 1,5 = 4 \text{ kg} \times 1,5 = \textbf{6 kg}$$

Gesamtmenge

$$\text{Liter Wasser} + (\text{kg Zucker} \times 0,65) = 4 + 6 \times 0,65 = \textbf{7,9 l}$$

Säurezusatz

$$\text{Gesamtmenge in l} \times \text{g/l Säure gewünscht} = 7,9 \times 30 = \textbf{237 g}$$

→ Damit die erforderlichen 60 % Trockensubstanz erreicht werden, müssen diesen 4 l Ansatzwasser 6 kg Zucker zugesetzt werden. Ob

diese 6 kg auf einmal zugesetzt werden oder ein Teil schon beim An-
setzen und der Rest erst beim Erhitzen vor dem Füllen, hat auf die
Berechnung der Zuckermenge keinen Einfluss.
→ Damit die gewünschten 30 g/l Säure enthalten sind, müssen dem
Ansatz 237 g Zitronensäure zugesetzt werden.

> **Nach dem Ansetzen der Holunderblüten mit 4 l Wasser und
> 6 kg Zucker vergrößerte sich das Volumen auf 7,9 l. Damit
> jeder Liter vom fertigen Sirup 30 g Säure enthält, ist der Zu-
> satz von etwa 237 g Säure notwendig. Nach dem Verdünnen
> 1 : 5 erhält man ein Getränk mit etwa 10 % Zucker und 5 g
> Säure je Liter – wiederum ein harmonisches Getränk.**

Durchschnittswerte wichtiger Verarbeitungsfrüchte

Die folgende Tabelle beinhaltet Durchschnittswerte von Früchten, die
häufig zu Sirup oder Nektar verarbeitet werden. Diese Werte sind hilfreich bei der Berechnung der Zucker- und Säuregehalte, es sind allerdings nur Durchschnittswerte. Je nach Sorte, Witterung, Ertrag und vielen weiteren Faktoren können sich diese Werte nach oben oder unten
verschieben.

Die Durchschnittswerte ermöglichen eine ungefähre Berechnung, liefern aber niemals genaue Werte

Der Gehalt an Trockensubstanz bestimmt sich hauptsächlich aus dem
Gehalt an Zucker, Säure, Gerb- und Mineralstoffen. Den Hauptanteil an
der Trockensubstanz bilden die verschiedenen Arten von Zucker in der
Frucht. Diese Durchschnittswerte sollen bei der Errechnung der Ge-
samttrockensubstanz helfen, wenn Sie keine Möglichkeit haben, diese
selbst zu bestimmen.

Der Pektingehalt ist nicht in absoluten Zahlen angegeben, sondern in
Klassen eingeteilt. Bei Obstarten mit dem Attribut „nieder" besteht normalerweise keine Gefahr des Gelierens im Sirup. Im Nektar ist für den Ge-
liervorgang zu wenig Zucker enthalten, das Problem mit dem Gelieren
daher nicht existent.

Bei hohen Pektingehalten unbedingt Zusatz von pektinspaltenden Enzymen

Bei Früchten mit hohem Pektingehalt empfiehlt sich unbedingt der
Zusatz von pektinspaltenden Enzymen, um unerwünschtes Gelieren zu
verhindern. Bei Pfirsich und Marille/Aprikose erfolgt absichtlich keine
Angabe dieses Werts, da sie nicht zu klaren Säften verarbeitet werden
können und es bei der Herstellung von fruchtfleischhaltigem Nektar mit
diesen Obstarten keine Schwierigkeiten mit dem Gelieren gibt.

Obstart	Trockensub-stanzgehalt	Gesamtzucker-gehalt*	Säuregehalt in g/kg	Pektin-gehalt
Birne	16	10	3–6	nieder
Quitte	17	8	6–12	hoch
Pfirsich	12	8,5	3–6	
Marille/Aprikose	14	9	7–11	
Kirsche	17	12	5–8	nieder
Weichsel/Sauerkirsche	15		8–16	nieder
Zwetschke/Pflaume	16	12	6–10	mittel
Himbeere	11	6	14–20	mittel
Erdbeere	10	6	8–12	mittel
Ribisel/Johannisbeere, schwarz	21	10	25–35	hoch
Ribisel/Johannisbeere, rot	16	8	25–35	hoch
Brombeere	15	8	14–20	hoch
Stachelbeere	13	10	20–25	hoch
Holunder	20	7	8–10	nieder
Weintraube	20	15	6–12	hoch
Orange	15	7		mittel
Karotte	10	4,5	4,0–4,2	nieder

reduzierende Zucker

E-Nummern bei Sirup und Nektar

Auf allen im Handel erhältlichen Sirup- oder Nektarflaschen ist zwingend ein Zutatenverzeichnis am Etikett zu finden. In diesem sind alle verwendeten Zutaten und Zusatzstoffe anzuführen. Es gibt uns Konsumenten Aufschluss über die Zusammensetzung. Damit fällt es uns leicht, auf den ersten Blick zu erkennen, ob Farb-, Konservierungs-, Aromastoffe oder andere Zutaten im jeweiligen Produkt enthalten sind, und wir können unsere Kaufentscheidung danach richten.

Zutatenverzeichnis ist zwingend am Etikett bei Sirup und Nektar, wenn er in den Handel kommt

Aber nicht jeder weiß automatisch, was sich hinter den oft sehr kompliziert klingenden chemischen Namen oder E-Nummern verbirgt.

Die „E-Nummern"

In der Europäischen Union sind einige hundert Zusatzstoffe zugelassen. Um Verständigungsschwierigkeiten im vielsprachigen Europa zu verhindern, hat jeder Zusatzstoff eine eigene Nummer erhalten, der der Buchstabe „E" für „Europa" vorangestellt ist. In allen Mitgliedsstaaten hat ein Zusatzstoff den gleichen Nummerncode, was die oft komplizierten chemischen Bezeichnungen vereinfacht.

> Eine „E-Nummer" steht nicht automatisch für einen im Labor hergestellten Zusatzstoff, sondern durchaus auch für eine natürliche Substanz.

„E 440" beispielsweise steht für Pektin, einem aus den Pressrückständen von Äpfeln gewonnenen Geliermittel.

Zusatzstoff-Klassen

Um die Einordnung für den Verbraucher zu erleichtern und eine bessere Kontrolle zu gewährleisten, werden die einzelnen Zusatzstoffe außerdem in unterschiedliche Klassen unterteilt.

Verwendung und Menge der Zusätze sind in den Verordnungen geregelt

Alle in der EU zugelassenen Zusatzstoffe sind einer oder mehreren Zusatzstoff-Klassen zugeordnet. Der Klassenname bezeichnet den technologischen Zweck eines Zusatzstoffes. Das bedeutet am Beispiel des schon erwähnten Pektins „Geliermittel E 440".

Je nachdem für welchen Zweck der Zusatzstoff im Lebensmittel verwendet wird, muss der jeweilige Klassenname angegeben werden. Ascorbinsäure wird als Mittel zum Verhindern von Bräunungen zugesetzt, am Etikett ist sie daher in der Zutatenliste als „Antioxidationsmittel Ascorbinsäure" oder „Antioxidationsmittel E 300" angeführt.

E-Nummern, komplizierte chemische Namen und unverständliche Zusatzstoff-Klassen verunsichern viele Verbraucher. Während die einen eine gesundheitliche Gefährdung durch Zusatzstoffe befürchten, stufen andere die meisten als unbedenklich ein.

Auch die Meinungen der Fachleute weichen voneinander ab. Grundsätzlich gilt, dass vor der Zulassung eines Zusatzstoffes ein Nachweis seiner gesundheitlichen Unschädlichkeit erbracht werden muss.

Naturnahe Substanzen können ohne Mengenbegrenzung zugesetzt werden

Viele und vor allem die sehr naturnahen Substanzen können ohne Mengenbegrenzung unter Beachtung „der guten Herstellungspraxis" eingesetzt werden. Alle übrigen zugelassenen Zusatzstoffe dürfen nur bis zu einer gewissen Höchstmenge verwendet werden. Diese wird nach umfangreichen Untersuchungen für jeden Zusatzstoff einzeln festgelegt. Innerhalb dieser Grenze gelten die Zusatzstoffe als gesundheitlich unbedenklich.

Durch angeborene oder erworbene Unverträglichkeiten können manche Menschen bestimmte Nahrungsbestandteile in ihrem Stoffwechsel nicht umsetzen. Werden diese Stoffe dennoch aufgenommen, können sie zu Unverträglichkeitsreaktionen führen.

Wozu Zusatzstoffe?

Jene Stoffe, die Lebensmitteln zugesetzt werden, um die Eigenschaften dieser bewusst zu verändern, nennt man Zusatzstoffe. Im Selbstversorgerbereich sind es deutlich weniger als bei gekauften Getränken. Die Gründe für die Verwendung von Zusatzstoffen sind unterschiedlich. Bei Getränken finden die Zusatzstoffe in folgenden Bereichen Anwendung:

Nährwert

Zusatzstoffe können den Nährwert eines Lebensmittels verändern. Durch den Einsatz von Süßstoffen und gleichzeitiger Reduktion des Zuckergehalts verringert sich der Brennwert, „light"-Produkte entstehen. Für Diabetiker ist es notwendig, eine Zuckerform zu wählen, die im Stoffwechsel des menschlichen Körpers nicht umgesetzt wird.

Häufig finden sich auch Nektare im Handel, deren Nährwert durch Zusatz von Vitaminen, Ballast- oder Mineralstoffen verändert wurde.

Bei Sirup und Nektar für den Eigenbedarf werden so gut wie keine Zusatzstoffe verwendet

Genusswert

Zusatzstoffe steigern oder erhalten den Genusswert eines Lebensmittels. Sie helfen mit, Farbe, Geruch, Geschmack oder Konsistenz eines Lebensmittels in gewünschter Weise zu erhalten oder zu verbessern. Als Beispiele sind hier Farbstoffe zu nennen, die die Farbe intensivieren.

Zucker und Säuren harmonisieren den Geschmack. Häufig finden sich in industriellen Produkten auch Aromastoffe, die Geruch und Geschmack verändern.

Haltbarkeit

Zusatzstoffe beeinflussen die Haltbarkeit eines Lebensmittels. Konservierungsstoffe verhindern unerwünschte chemische oder physikalische Veränderungen und schützen damit das Lebensmittel vor Verderb. Sorbinsäure bzw. Benzoesäure und deren Salze finden sich in vielen Lebensmitteln.

Wer keine chemisch konservierten Lebensmittel konsumieren möchte, braucht daher nur die Liste der Zusatzstoffe am Etikett zu beachten.

Eine Veränderung des Nährwerts ist auch bei kleinen Herstellungsmengen durch die Verwendung von Süßstoffen leicht möglich. Vitamin- oder Mineralstoffzusätze sind im Bereich von Sirup und Nektar nicht üblich. Bei der Verarbeitung für den Eigenbedarf werden auch kaum Farb- und Aromastoffe verwendet. Eher sind es raffinierte Fruchtmischungen oder eigenwillige Gewürze, die mithelfen, ein besonderes Produkt herzustellen.

Konservierungsmittel werden mitunter auch unbeabsichtigt in Form von Einsiedehilfe zugesetzt. Hersteller, die eine chemische Konservie-

Farb- und Aromastoffe werden bei Verarbeitung für den Eigenbedarf kaum zugesetzt

rung umgehen wollen, finden auch ohne diese Substanzen Wege, ihre Produkte haltbar zu machen.

Für Sirup oder Nektar sind generell nur wenige Zusatzstoffe erlaubt und in Verwendung:

Zusatzstoffklasse	Name	E-Nummer	Eigenschaft
Antioxidationsmittel	Ascorbinsäure	E 300	Verhindert oder verlangsamt Bräunungsreaktionen
Konservierungsmittel	Sorbinsäure deren Salze Benzoesäure deren Salze	E 200 E 202 – E 203 E 210 E 211 – E 213	Verhindern Mikroorganismen-wachstum und verlängern damit die Haltbarkeit
Säuerungsmittel	Zitronensäure Milchsäure Äpfelsäure	E 330 E 270 E 296	Harmonisieren den Geschmack, senken den pH-Wert und stabili-sieren damit Farbe und Geschmack
Farbstoffe	Div. Farbstoffe	E 100 – E 180	Erbringen einen gewünschten Farbton
Süßungsmittel	Div. Süßstoffe und Zuckeraus-tauschstoffe	E 950 – E 967	Erbringen süßen Geschmack ohne Verwendung von Zucker
Aromastoffe		Keine E-Nr.	Intensivieren Geruch und Geschmack

Fachbegriffe

Absorption In-sich-Aufnehmen einer Substanz

Adsorption An-sich-Anlagern einer Substanz. Durch Ladungen an der Oberfläche kann ein Adsorptionsmittel (Bentonit, Aktivkohle) Stoffe an sich binden

Antigeliermittel Anderer Begriff für pektinspaltende Enzyme, die das Gelieren im Sirup verhindern sollen

Aräometer Anderer Begriff für „Senkwaage"

Benzoesäure Natürlich in Früchten vorkommendes oder auf bio-technischem Wege hergestelltes Konservierungs-mittel, kommt häufig in der Einsiedehilfe vor.

Brix Einheit der Trockensubstanz, 1 Brix entspricht 1 % Trockensubstanz

Einsiedehilfe Chemisches Konservierungsmittel, dient in der häuslichen Obstverarbeitung der Haltbarkeitssicher-stellung

Enzym	Biochemischer Katalysator. Ohne diese Stoffe gäbe es keine Reaktionen und damit kein Leben
Flotte Lotte	Häufig im Haushalt verwendetes Gerät zum Passieren von Früchten.
Fruchtsaft-konzentrat	Durch Wasserentzug auf etwa 60 Brix eingedickter Fruchtsaft, ist ähnlich zähflüssig wie Honig
Fructose	Anderer Begriff für „Fruchtzucker". In Früchten vorkommende Form von Einfachzucker, für Diabetiker geeignet
Gärung	Biochemischer Prozess, bei dem Hefen Zucker zu Alkohol und Kohlendioxid umwandeln
Gelieren	Die Fähigkeit von Pektin und anderen Stoffen, Wasser zu binden und aus Flüssigkeiten unter bestimmten Voraussetzungen ein Gel bilden zu können
Gesamtzucker	Die Summe der zugesetzten und der natürlichen Zucker, bei vielen Produkten wird er mit der „Gesamttrockensubstanz" gleichgesetzt
Glucose	Anderer Begriff für „Traubenzucker"
Glucosesirup	Zähflüssige Masse aus Glukose und Mehrfachzuckern, macht Getränke zähflüssig, aber nicht süß, da Mehrfachzucker nicht süßend wirken. Besteht etwa zu 80 % aus Trockensubstanz
Holler	Anderer Begriff für „Holunder"
Homogenisator	Gerät zur Feinstzerkleinerung von Fruchtfleischteilchen, wird bei der Nektarherstellung in Großbetrieben häufig eingesetzt
Invertieren	Darunter versteht man das Aufspalten des Zweifachzuckers Saccharose in die beiden Einfachzucker Glucose und Fructose, geschieht nur im sauren Milieu
Johannisbeere	Anderer Begriff für „Ribisel"
Klarschärfe	Angabe für den Grad der Filtration, reicht von grober Filtration hin bis zur Entkeimungsfiltration
Kolloide	In einem Lösungsmittel feinst verteilte Stoffe, wie Pektine oder andere Polysaccharide, die sich im Gegensatz zu einer Suspension nicht absetzen. Sie erhöhen die Viskosität und verhindern das Absetzen des Trubs

Kopfraum	Raum zwischen Verschluss und dem oberen Rand der Füllung in einem Gebinde
Kristallisieren	Das Ausscheiden von kristallinem Zucker unter bestimmten Voraussetzungen (in sehr süßen Zubereitungen)
Marille	Anderer Begriff für „Aprikose"
Mikroorganismen	Mikroskopisch kleine, pflanzliche oder tierische Lebewesen; in der Obstverarbeitung haben vorrangig Hefen, Bakterien und Schimmelpilze Bedeutung
Mostgewicht	Begriff für den Zuckergehalt eines Presssafts
Mykotoxine	Stoffwechselprodukte aus Pilzen, die bei Menschen bereits in geringsten Mengen giftig wirken. Die bekanntesten sind Patulin oder Ochratoxin
Pasteurisieren	Haltbarmachen von Lebensmitteln bei Temperaturen unter 100 °C; möglich bei pH-Werten unter 4,5
Pektin	Pflanzenschleim, der für das unerwünschte Gelieren von Sirup verantwortlich ist
pH-Wert	Chemisches Maß für den Säuregrad. Werte unter 7 bedeuten „sauer", Werte darüber „alkalisch" oder „basisch" – je weiter weg von 7 umso intensiver
QUID-Deklaration	„Quantitative Inhaltsstoff Deklaration" deklariert die mengenmäßigen Anteile einzelner Obstarten in fertigen Produkten
Rebeln	Anderer Begriff für das Abtrennen der Beeren vom Stielgerüst, das in weiterer Folge bei der Verarbeitung Bitterstoffe abgeben könnte, wird heute maschinell durchgeführt
Ribisel	Anderer Begriff für „Johannisbeere"
Saccharose	Anderer Begriff für den Zweifachzucker aus den beiden Einfachzuckern „Fructose" und „Glucose"; auch „Kristallzucker"
Schönung	Mittel, die für Klärung, Stabilisierung oder Geschmacksverbesserung von Säften zugesetzt werden
Sediment	Teilchen, die in einer Flüssigkeit suspendiert waren und sich abgesetzt haben. Kann auch als Niederschlag oder Bodensatz bezeichnet werden

Senkwaage	Dichtemessgerät aus Glas, hat am Hals eine Skala angebracht, an der man Dichte, Alkohol- oder Zuckergehalt ablesen kann
Sorbinsäure	Natürlich in Früchten (vor allem in Vogelbeeren) vorkommendes oder auf biotechnischem Wege hergestelltes Konservierungsmittel, das häufig Bestandteil der Einsiedehilfe ist
Spontanklärung	Klärung eines Getränks ohne weiteres Zutun
Sterilisieren	Haltbarmachen von Lebensmitteln bei Temperaturen über 100 °C.
Trockensubstanz	Der Anteil, der nach dem Verdampfen von Wasser noch übrig bleibt. Bei Obst besteht sie vorwiegend aus Zucker, Säuren und anderen Stoffen, beeinflusst unter anderem die Haltbarkeit und wird daher auch oft mit Gesamtzucker gleichgesetzt
Vakuumverdampfer	Gerät, in dem unter Vakuumbedingungen Wasser verdampft wird, findet Verwendung beim Konzentrieren von Fruchtsäften.
Viskosität	Zähflüssigkeit einer Substanz
Weichsel	Anderer Begriff für „Sauerkirsche"
Zwetschke	Anderer Begriff für „Zwetschge" oder „Pflaume"

Bezugsquellen-register

Bei folgenden Firmen kann man das für die Saftherstellung benötigte Zubehör beziehen (Angabe in alphabetischer Reihenfolge):

Baldinger AG, Max Baldinger AG, Bruggacherstraße 8, CH-8117 Fällanden, www.baldinger.biz

Bockmeyer, Karl Bockmeyer Kellereitechnik GmbH, Zementwerk 3, D-72622 Nürtingen, www.bockmeyer.de

Diroso, Familie Baumann-Zimmermann, Kantonstraße 12, CH-3946 Turtmann, www.diroso.ch

holzeis, Kellereibedarf GmbH, Aussermanzing 28, A-3033 Altlengbach, www.holzeis.com

Keller-Mannheim, Max F. Keller GmbH, Einsteinstraße 14 a, D-68169 Mannheim, www.keller-mannheim.de

KRAFT & CO Ges.m.b.H, Arndtstraße 15, A-1120 Wien, www.kraft-co.at

Kronenberg, Hans Kronenberg Landmaschinen Menznauerstraße-Daiwil, CH-6130 Willisau, www.h-kronenberg.ch

Landring Weiz, Marburgerstraße 51, A-8160 Weiz, www.frustar.com

Rapf & Co., GmbH & Co KG, Gabrielerstraße 30, A-2344 Maria Enzersdorf am Gebirge, www.rapf.at

REKRU GmbH, Betznauer Straße 28, D-88079 Kressbronn, www.rekru.de

Rink, Helmut Rink GmbH, Wangener Str. 18, D-88279 Amtzell, www.rink-gmbh.de

RWA Raiffeisen Ware Austria AG, Wienerbergstraße 3, A-1100 Wien, www.lagerhaus.at

Schliessmann, C. Schliessmann, Kellerei-Chemie GmbH & Co. KG, Auwiesenstraße 5, D-74523 Schwäbisch Hall, www.c-schliessmann.de

Thonhauser, www.weintechnologie.at

VULCASCOT HandelsgmbH. & Co. KG, Muthgasse 25, A-1190 Wien, www.vulcascot.at

Weinbaucenter Krems – Salize, An der Schütt 40, A-3500 Krems, www.lagerhaus-absdorf.at

Literaturverzeichnis

Beerensäfte, SVOT – Eigenverlag, Ottenbach

Fruchtsaftverordnung (Österreich), 83. Verordnung, BGBl vom 16. Februar 2004, Wien 2004

Handbook for the Fruit Based Products, CP Kelco – Eigenverlag, Lille Skensved 2001

Herbasweet-Herbarom, Herbstreith & Fox – Eigenverlag, Neuenbürg 1995

Lebensmittelkennzeichnungsverordnung, 72. Verordnung, BGBl vom 29. Jänner 1993, Wien 1993

Lebensmittelverordnung (Schweiz) vom 1. März 1995, über Fruchtsirup aus www.gesetze.ch

Richtlinie 95/2 EG Andere Lebensmittelzusatzstoffe als Farbstoffe und Süßungsmittel, Amtsblatt L 61 vom 18. 3. 1995, Brüssel 1995

Richtlinie 2001/112/ EG über Fruchtsäfte, Amtsblatt L 10/58 vom 20. 12. 2001, Brüssel 2002

Wiener Einkochbuch, Agrana Wien Eigenverlag, Wien

BALTES, W.: Lebensmittelchemie, Springer Verlag, Berlin 2000

BIESALSKI, H. K., GRIMM, P.: Taschenatlas der Ernährung, Georg Thieme Verlag, Stuttgart 1999

HERRMANN, K.: Inhaltsstoffe von Obst und Gemüse, Verlag Eugen Ulmer, Stuttgart 2001

INNERHOFER, G.: Marmeladen, Konfitüren und Gelees, Leopold Stocker Verlag, Graz 2002

INNERHOFER, G.: Obstsäfte, Leopold Stocker Verlag, Graz 2007

OBERMAIR, M., SCHNEIDER, R.: Obst haltbar machen, Leopold Stocker Verlag, Graz 1998

STEINMETZ, K.: Persönliche Mitteilung 2003

WOGOWITSCH, C.: Selbstgemachtes, Österreichischer Agrarverlag, Wien 2001

www.rlp.de